Conselho Editorial da LF Editorial

Amílcar Pinto Martins - Universidade Aberta de Portugal

Arthur Belford Powell - Rutgers University, Newark, USA

Carlos Aldemir Farias da Silva - Universidade Federal do Pará

Emmánuel Lizcano Fernandes - UNED, Madri

Iran Abreu Mendes - Universidade Federal do Pará

José D'Assunção Barros - Universidade Federal Rural do Rio de Janeiro

Luis Radford - Universidade Laurentienne, Canadá

Manoel de Campos Almeida - Pontifícia Universidade Católica do Paraná

Maria Aparecida Viggiani Bicudo - Universidade Estadual Paulista - UNESP/Rio Claro

Maria da Conceição Xavier de Almeida - Universidade Federal do Rio Grande do Norte

Maria do Socorro de Sousa - Universidade Federal do Ceará

Maria Luisa Oliveras - Universidade de Granada, Espanha

Maria Marly de Oliveira - Universidade Federal Rural de Pernambuco

Raquel Gonçalves-Maia - Universidade de Lisboa

Teresa Vergani - Universidade Aberta de Portugal

Copyright © 2024 os organizadores e autores
1ª Edição

Direção editorial: Victor Pereira Marinho e José Roberto Marinho

Edição revisada segundo o Novo Acordo Ortográfico da Língua Portuguesa

Dados Internacionais de Catalogação na publicação (CIP)
(Câmara Brasileira do Livro, SP, Brasil)

Moreira, Chaiane B.
Matinta Pereira : um chamado da ancestralidade / Chaiane B. Moreira, Fernanda L. de Faria, Keysy S. C.Nogueira. – São Paulo: LF Editorial, 2024.

Bibliografia.
ISBN 978-65-5563-486-0

1. Ancestralidade 2. Folclore - Brasil - Amazônia 3. Lendas brasileiras I. Faria, Fernanda L. de. II. Nogueira, Keysy S. C. III. Título.

24-223337   CDD-398.0981

Índices para catálogo sistemático:
1. Folclore brasileiro 398.0981

Eliane de Freitas Leite - Bibliotecária - CRB 8/8415

Todos os direitos reservados. Nenhuma parte desta obra poderá ser reproduzida sejam quais forem os meios empregados sem a permissão da Editora.
Aos infratores aplicam-se as sanções previstas nos artigos 102, 104, 106 e 107 da Lei Nº 9.610, de 19 de fevereiro de 1998

LF Editorial
www.livrariadafisica.com.br
www.lfeditorial.com.br
(11) 2648-6666 | Loja do Instituto de Física da USP
(11) 3936-3413 | Editora

PREFÁCIO

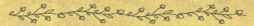

Certo dia passo a vista em um jornal local e uma matéria me chama a atenção: *"Assaltava para poder charlar"*. O título dava destaque à palavra "charlar" e era acompanhada da fotografia de uma jovem de biquíni com longos cabelos negros sentada de costas em um *buggy* e tendo ao fundo uma paisagem praiana. Tratava-se de uma influenciadora que praticava as chamadas "saidinhas" em agências bancárias. A palavra "charlar", muito conhecida na capital paraense, tem, por vezes, um valor pejorativo, pois sinaliza que a pessoa ostenta um estilo de vida que não condiz com suas reais condições financeira. Não foi difícil lembrar de outro título e situação similar lido em *Belém conta...*[1], cuja narrativa *"Um luxo de Matinta!"* conta o caso de uma jovem vaidosa que também gostava de ostentar, como diz a narradora: "tinha uma que luxava, luxava, luxava e justamente era a dita que virava Matinta Perera"[1]. São duas narrativas que representam imagens fixadas no imaginário popular que reforçam uma visão negativa sobre mulheres.

Argumentei em *Não fala nada não, eu peguei a Matintaperera*[2] a favor do posicionamento de que a Matinta possui uma origem indígena, mas passou historicamente pelo escrutínio da crendice popular e recebeu outros elementos e feições, isto quer dizer que o modo como ela é representada – às vezes como homem, outras tantas como bruxa, quase sempre como uma velha senhora em andrajos – tem tornado a sua imagem de difícil apreensão e os estudos da oralidade demonstram a dificuldade de apreendê-la em uma forma fixa. De todo modo, a figuração da Matinta está mais canonizada no imaginário como a velha bruxa europeia, sem antes dispensar a relação da metamorfose humana em animal, assim, a Matinta continua se transformando em pássaro, seja o *Tapera naevia* ou a *suindara*.

---

[1] SIMÕES, Maria do Perpétuo Socorro Galvão Simões; GOLDER, Christophe. Belém conta.... Belém: Cejup; Universidade Federal do Pará, 1995.

[2] SILVA JUNIOR, Fernando Alves da. **Não Fala Nada Não, Eu Peguei A Matintaperera**. [S.L]: Paco Editorial 2016. 224 p

Eis, no entanto, que aparece uma Matinta no Sul do país que recupera o arquétipo da bruxa, ou melhor, da mulher que administra os elementos químicos, imagem correlata a da erveira e da curandeira amazônida. As autoras desta obra, que também são pesquisadoras do campo do ensino de Química fabulam uma Matinta cientista. Uma figuração positivamente refinada no rol de imagens e discursos que pairam sobre a mulher que vira pássaro. A cientista criada por Chaiane, Fernanda e Keysy se transforma em coruja, usa jaleco e trabalha em um laboratório. É lícito não perder de vista que esta Matinta vem a público após um período nefasto da nossa história recente. Passamos por uma pandemia na qual houve um esforço generalizado de uma parte da nossa população, encabeçada por um governo genocida que descreditou a ciência e fez circular pelo país um posicionamento contrário ao conhecimento científico, um discurso negacionista e misógino que atualizou algo na mentalidade popular que muito lembra o medo medieval que pairava sobre o feminino.

Assim, é no caminho da decolonialidade que as autoras procuram desconstruir os padrões negativos e malfazejos em torno da Matinta Perera, por isso o continente desta Matinta não é a América, nome que homenageia o colonizador, mas sim Abya Yala, nome que exalta o indígena. Desse modo, bruxa e cientista fundem-se semanticamente para dissipar os discursos negativos e dizer que a Matinta pode "charlar", "luxar" e fazer ciência sem os julgamentos que diminuem sua potência de agir.

Eis que uma nova Matinta surge no Brasil...

-Fernando Alves da Silva Júnior
Doutor em Estudos Literários

Bragança - PA, 2024.

SUMÁRIO

APRESENTAÇÃO..6

MUITO PRAZER, SOU MATINTA PERERA! MINHA ORIGEM E ANCESTRALIDADE................................9

METAMORFOSE: A MATINTA VIROU PÁSSARO..18

FIT, FITE, FIUITE.... QUAL A FREQUÊNCIA DO ASSOVIO DE MATINTA PERERA? 35

LÁ VEM A MATINTA BUSCAR SUA PRENDA..45

O USO DO OURO POR MATINTA PERERA...61

O INGREDIENTE SECRETO DE MATINTA PERERA: DA CURA AO EMBELEZAMENTO..........................74

POR TRÁS DE TODA BRUXA HÁ UMA CIENTISTA...87

AQUI ME DESPEÇO, UM FIT..FITE..FIUITEE PARA TODOS VOCÊS......................................100

CRÉDITO DAS IMAGENS...101

BIBLIOGRÁFIA...103

APRESENTAÇÃO

O **mito** está presente em todas as culturas, resiste ao tempo e se transforma sempre que necessário permeando todos os fatos e acontecimentos da sociedade humana. A cultura amazônica, como muitas outras, tem raízes míticas, é um mundo povoado de seres, signos e fatos que integram o **folclore brasileiro**, entre eles, a Matinta Perera.

Matinta Perera é um mito brasileiro que se constitui como um personagem das matas, dos ares e dos **rios amazônicos**, o qual possui poderes zoomórficos. O ente mítico de Matinta Perera é multifacetado, podendo ser representado como homem, mulher, jovem, negra ou branca, mas comumente é retratado como uma mulher idosa.

Nas narrativas que relatam suas aparições há uma distinção quando o ente mítico é retratado como um homem em detrimento a sua representação como mulher. Dessa forma, quando a Matinta é representada por uma mulher ou mulher idosa com características sobrenaturais, traz consigo a ideia de **maldição** devido a um pecado cometido, tendo que manter sua condição em segredo.

Em contrapartida, quando esse ente mítico é representado nas narrativas como um homem, geralmente ele é um **pajé**. Sugerindo assim, que para essa personificação masculina lhe é concedido um olhar de respeito, um poder de médico, conselheiro, aquele que manipula as ervas e se apresenta como detentor da ciência tradicional, podendo exibir sua condição de forma pública.

A distinção de gênero apresentada nas narrativas de Matinta Perera também está presente no âmbito científico. Ao longo da história da ciência, o trabalho intelectual esteve associado aos homens, sobretudo, cis, brancos e eurocêntricos. Até o século XX a carreira científica era associada apenas à figura masculina e as mulheres eram vistas como incapazes de produzir conhecimento.

Buscando propiciar um novo olhar para essa figura mítica usa-se da liberdade poética para representá-la como uma **Mulher Cientista Amazônica**, que por meio da ciência explica os fenômenos envoltos ao seu mito: metamorfose, seu assobio, prendas que recebe - geralmente café e tabaco, entre outras. Essa nova personificação da Matinta é uma construção inspirada em todas as outras Matinta que ao longo dos séculos desenvolveram seus conhecimentos e passaram adiante as suas aprendizagens, permitindo, assim, que a magia desse ente mítico, carregado de conhecimento popular, se transformasse em ciência.

Ninguém melhor do que a própria Matinta Perera para explicar a ciência e os aspectos históricos envolvidos na sua história. Dessa forma, ao longo deste livro você tem a companhia dessa **Cientista da Floresta Amazônica** que ao receber o chamado da ancestralidade, narra aspectos da ciência envolvidos em algo que para muitos são feitiço, bruxaria, mau agouro, enquanto para outros são conhecimento ancestral, cura e resistência a permanência de uma cultura e saberes.

Assim, inicialmente Matinta Pereira se apresenta e nos conta um pouco sobre a sua **origem** e **ancestralidade**. Em outro momento, narra a sua transformação em pássaro e como a Química está envolvida nas prendas, café e tabaco que recebe. A Matinta nos clarifica por meio da Física e da Biologia o motivo de as pessoas temerem a sua **vocalização** como coruja suindara. Ela desvenda ainda os segredos por trás de sua beleza, tanto na manipulação do ouro para fazer seus adornos como no desenvolvimento de produtos que extrai da floresta para cuidar de seus cabelos. Em seu caminhar pela ancestralidade e ciência nos ensina sobre o processo químico que adota para desenvenenar a mandioca se valendo dos **saberes indígenas**. E, por fim, nos conta a relação entre a ciência e bruxaria.

Todos os capítulos carregam uma poção de magia, ciência e saberes ancestrais, principalmente dos povos originários de **Abya Yala** (continente Americano), mas também de povos advindos de outros continentes como o Africano, abordados em uma perspectiva decolonial da ciência.

Muito Prazer, sou Matinta Perera! Minha origem e ancestralidade

Eu, **Matinta Perera**, sou descendente das bruxas/feiticeiras, um termo muitas vezes associado a mulheres que ao longo da história desempenharam papéis de parteiras, curandeiras, entre outras. Meu nome tem origem na língua tupi, em que "Mati" significa assombração ou vulto e "Taperê" (tem o sentido de endiabrado ou dado a ruínas). No imaginário popular, principalmente na região norte do Brasil, sou uma bruxa, feiticeira.

Descendo de mulheres que construíram pontes com a ciência por meio da manipulação de diferentes plantas, mas que foram descritas como perversas, adoradoras do diabo, manipuladoras de forças ocultas e profanas. No Brasil, muitas vezes me descrevem como a bruxa velha que, na juventude, praticou muitos pecados. Essa imagem deturpada foi construída pelo Estado e pela Igreja, que por vez monopolizavam o poder durante muito tempo e viam essas mulheres como ameaças e, por isso, as perseguiram e as condenaram à morte. - *Para você entender de forma plural a minha origem, vamos precisar voltar no tempo, mais precisamente ao período de caça às bruxas e a invasão das terras de Abya Yala pelos europeus...*

A **caça às bruxas** iniciada na Europa perpetuada entre os séculos XV e XVII se tornou uma prática emergente no contexto sócio-histórico. As bruxas e as denúncias de seus pecados teriam sido um bode expiatório para as mazelas advindas de mudanças sociais profundas decorrentes de uma grande crise econômica e social que teve seu auge com a epidemia da **Peste Negra** em 1348 e perdurou até o final do século XVII.

A Peste Negra, ao levar a óbito um número considerável de pessoas, fez com que surgisse a necessidade de aumentar os índices populacionais. O ideal político da elite governante da época era de que maiores populações representavam maior **poder do Estado**, pois os seres humanos eram vistos como recursos naturais que trabalhavam e criavam para este.

Nesse contexto, emerge a necessidade de o **Estado**, em conjunto com a **Igreja**, controlar as práticas reprodutivas utilizadas na época, lançando uma guerra contra as mulheres por meio da **caça às bruxas**, criminalizando modos de existência que ameaçavam seu poder político e econômico. Ao criminalizar os conhecimentos produzidos pelas mulheres e estabelecendo o controle sobre seus corpos e reprodução, passou-se a demonizar qualquer forma de controle de natalidade, promovendo uma reprovação social e religiosa sobre a liberdade sexual delas.

A perseguição, violência e morte declarada às mulheres cruzou as fronteiras do continente Europeu e acompanhou os colonizadores durante suas invasões aos territórios que foram nomeados Americanos, culminando em uma caçada às bruxas em **Abya Yala**.

É importante que você saiba que Abya Yala é uma expressão originária do **idioma Kuna**,[3] usada pela primeira vez por volta de 1507, mas tornou-se reconhecida no final do século XVIII e início do século XIX por meio das elites crioulas para se afirmarem no processo de independência contra os invasores europeus.

---

[3] Kuna é uma população originária da Serra Nevada, no norte da Colômbia, vivendo atualmente na costa caribenha do Panamá na Comarca de Kuna Yala (San Blas) (GONÇALVES, 2009).

Essa expressão é usada para se referir ao território que hoje é conhecido como continente Americano. **"Yala"** é a denominação para terra, território. **"Abya"** denota mãe, sangue vital. Unidos, os termos entoam novos significados: terra de todos, terra vida, terra madura. **Abya Yala** vem sendo usado como uma autodesignação dos povos originários do continente a qual representa um processo de construção **político-identitário** em uma perspectiva decolonial da história desse território.

Antes da chegada dos invasores europeus já exitiam no continente de Abya Yala distintas etnias: **Maia, Kuna, Chibcha, Zapoteca, Guarani, Tupinikin, Kaiapó, Kaxinawa, Tikuna, Terena, Quéchua, Karajás, Yanomami**, entre outros. Povos que possuíam diferentes nacionalidades, diversas formas de organização social, com diferentes crenças e rituais, mas que no olhar dos invasores foram vistos de forma homogênea, sendo designados como índios,[4] e no processo de colonização roubaram-lhes suas identidades individuais para incorporá-los ao continente "Americano". Abya Yala é uma expressão encontrada pelos sobreviventes dos povos originários para superarem essa generalização eurocêntrica, buscando reconhecimento da sua diversidade.

[4] Os invasores europeus usavam a palavra índio para qualquer povo originário que encontravam pelo território. um termo raso, que não considera qualquer traço individual destes povos. O termo correto adotado pelos povo originários é indígena, que faz referência à origem, ao lugar de onde vieram essas pessoas contemplando toda sua diversidade (LUCIANO, 2006).

A extensão da caça às bruxas aos povos de Abya Yala aconteceu no contexto da invasão e dominação das populações do **Novo Mundo**, que teve início em 1492 com a chegada das primeiras caravelas no território, hoje denominado continente Americano. Os invasores construíram uma visão selvagem dos povos tradicionais, impondo em terras colonizadas/invadidas as mesmas práticas de tortura e assassinatos praticadas na Europa, acrescidas do caráter exploratório e desumanizador. Comportamento esse que é posteriormente estendido aos povos escravizados, trazidos do continente Africano. A caçada em Abya Yala foi um meio de desumanização que aliada a coerção serviu para justificar a escravidão e o genocídio.

Antes da invasão, minhas descendentes, as **mulheres de Abya Yala**, tinham suas próprias organizações. Eram reconhecidas socialmente, praticavam agricultura, eram tecelãs, oleiras, curandeiras, parteiras e herboristas. Contudo, a estrutura de poder foi mudada com a chegada dos invasores espanhóis que impuseram suas crenças misóginas, reestruturaram a economia e o poder político em favor dos homens, reduzindo as mulheres à condição de servas. O que condicionou as mulheres a se tornarem as principais **inimigas do domínio colonial**, pois recusaram a se submeter a servidão a elas imposta.

No cenário construído pelos invasores, a **figura da bruxa** ressurge com marcadores raciais em que sua imagem passa a ser também de **mulher indígena e negra.** Apesar dessas mulheres não serem consideradas humanas pelos invasores/colonizadores, isso não impediu que fossem julgadas pelas instituições inquisitoriais, sendo assim perseguidas, demonizadas, estupradas, torturadas e mortas.

Em Abya Yala muitas mulheres possuíam os conhecimentos médicos e estavam familiarizadas com as propriedades medicinais das plantas, as quais usavam para tratamento de enfermidade do corpo e do espírito. A perseguição contra mulheres, acusando-as de **bruxaria** tinha o intuito de desapropriá-las de seus saberes empíricos, restringindo os lugares ocupados por elas e as isolando do resto da comunidade. Seus saberes eram vistos como ameaças à racionalidade colonial, os quais poderiam destituir os colonizadores/invasores da posição dos detentores da verdade.

Contudo, as caças às bruxas não destruiu a resistência dos povos de Abya Yala. À luta e resistência das mulheres diante dos invasores permitiu que o vínculo dos povos originários com a terra e a natureza sobrevivesse, bem como a preservação de suas antigas crenças.

Uma das sobreviventes de Abya Yala aos invasores sou eu, a **Matinta Perera.** Nas narrativas do povo que vive na Floresta Amazônica, sou uma mulher idosa, mas meu ente mítico é plural, posso coexistir de diferentes formas. Assim, posso ser uma mulher negra, com traços indígenas, um(a) pajé...Posso ainda assumir a forma de uma mulher jovem sedutora que acusam de feitiçaria. Não importa a região, sempre existirá uma Matinta Perera perto de você.

Também tenho o poder de me metamorfosear de diferentes formas. Neste livro sou pássaro, a **coruja suindara,** mas isso somente acontece ao cair da noite. Quando estou na forma de pássaro sobrevoo as moradias vocalizando um canto agudo e só paro quando me oferecem uma prenda: **café ou tabaco**. E tenho um segredo para te contar: na casa em que me oferecem uma dessas prendas retorno nos primeiros raios de sol para pegar a minha oferenda, revelando assim, a minha identidade. Contudo, muitos guardam esse segredo para me proteger, outros contam incrédulos a minha identidade.

Você deve estar se perguntando como alguém nasce ou torna-se Matinta Perera. Certo? Para essa pergunta eu tenho diferentes respostas. Alguém pode virar Matinta por **punição**, por exemplo, quando tem filho com um padre. Também pode ser punido se for a **sétima filha** seguida do mesmo casal que não for batizada pela irmã mais velha....

Outra forma é através do repasse de alguma Matinta Perera que esteja cansada de sua condição, essa começa a gritar: **"Quem quer? Quem quer? Quem quer?"**. Aquele que não segurar a curiosidade e responder **"eu quero"** carregará consigo o destino de ser Matinta.

A condição também pode ser herdada. Dessa forma o repasse é feito, via de regra a um(a) filha(o) ou neta(o) da Matinta. - *Apesar de outras Matinta verem essa condição como um fardo, eu a vejo como um privilégio. O sentimento de liberdade ao poder me transformar em pássaro é único!! A cada prenda que me é oferecida, uma nova história é contada. Assim como os rios, a mata, a fauna, me vejo como parte dos encantos que permeiam a Floresta Amazônica.*

Como descrevi anteriormente, posso coexistir de diferentes formas, e aqui me apresento à você como uma **mulher cientista**. Eu me tornei guardiã dos conhecimentos de meus ancestrais e também aprendi por meio da ciência a compreender tudo que envolve o meu mito.

A condição de Matinta Perera herdei de minha avó materna, que herdou de suas **ancestrais**. Gerações de mulheres que dominavam diversos saberes, eram parteiras, cultivavam e manipulavam diferentes plantas, eram conhecedoras de técnicas de agricultura, tinham o poder de cura.

Todos esses conhecimentos recebi de herança e tive a oportunidade de apurá-los e aperfeiçoá-los em um contexto científico acadêmico, me tornando, além de bruxa/feiticeira, uma cientista. Consegui esse título ao cursar Ciências da Feitiçaria na **Universidade Vitória-Régia**, onde também me tornei Mestre e Doutora em Ciências Ancestrais e sigo nessa universidade como professora e pesquisadora. Como você pode perceber, sou uma cientista que também é Matinta Perera.

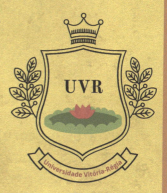

Ao longo da minha trajetória na UVR tive a oportunidade de estudar e me aprofundar em diferentes assuntos relacionados à minha ancestralidade e à ciência. Esses estudos serão apresentados nos próximos capítulos que estruturam este livro. Neles abordo, principalmente, características do meu mito em uma perspectiva científica fazendo uso de metáforas e da licença poética.
Vem comigo nessa aventura científica!

- Matinta Perera

Metamorfose: a Matinta virou pássaro.

No cair da tarde, quando os raios de sol se escondem no horizonte, sinto um arrepio! É o aviso que está na hora de deixar minha condição humana para me transformar em uma das mais magníficas aves que sobrevoam os biomas brasileiros: a coruja Suindara. O poder de me **metamorfosear** em pássaro foi uma das heranças mais belas repassadas pelas minhas ancestrais!! Um poder que me deu a liberdade em forma de asas, permitindo-me conectar com a minha origem, a mãe natureza.

Eu, a **Suindara**, também sou conhecida como coruja-de-igreja, coruja-das torres ou **coruja rasga-mortalha** (espécie Tyto furcata) - *Quantos nomes, não acham?! Sou plural.* Sou uma espécie de ave pertencente à Ordem Strigiformes e Família Tytonida; tenho dorso-cinza ou pardo, partes inferiores brancas, peitoral branco ou marrom claro e meu rosto tem discos faciais em formato de coração que me ajudam a levar o som até a entrada dos ouvidos externos - *Sério, como as pessoas podem ter medo de mim?! Eu sou um encanto de mulher e cientista!*

18

A minha transformação de humana para animal só é possível usando a **magia.** Isso significa que um mero mortal não conseguiria vivenciar essa mudança, mesmo se quisesse. Vou contar um segredo: na natureza há alguns animais que conseguem realizar a metamorfose sem usar da magia, porque eles necessitam de determinadas substâncias químicas presentes em seu organismo, dentre as quais destacam-se os **hormônios**.

> **Você sabe o que são hormônios? Matinta explica.**
> Os hormônios são moléculas produzidas por glândulas endócrinas e atuam como mensageiros celulares. Eles percorrem a corrente sanguínea e ao longo do percurso enviam mensagens para diferentes células. *Será que todas as células conseguem ler essas mensagens? Não.* Apenas aquelas que têm receptores específicos. É como se o hormônio fosse uma "chave" que vai abrir uma fechadura correspondente, no caso a célula com o receptor. Ao receber as informações, as células passam a exercer funções específicas como regular o crescimento, o metabolismo, o nosso humor e sono, entre outras funções importantes. Em síntese, os hormônios são moléculas essenciais para que nosso corpo funcione direitinho!

Neste capítulo, vamos desvendar os mistérios por trás dos hormônios que permitem a alguns animais realizarem a **metamorfose**. Para poder explicar tudo que está envolvido nesse processo vou recorrer a duas velhas amigas: a **Biologia** e a **Química**. *S*erá que com uma mãozinha da ciência descubro uma fórmula para preparar uma poção de metamorfose? Éguaaa!! Seria incrível, não acha?!

Na natureza há diferentes grupos de animais que sofrem metamorfose, entre eles temos anfíbios, insetos, peixes, moluscos, entre outros. Contudo, a metamorfose que ocorre nesses animais não é a mesma que a minha como Matinta Perera, ou seja, eles não mudam de espécie animal nem podem voltar para sua fase anterior. *Exemplificando, uma lagarta que se transformou em borboleta não consegue mais voltar a ser lagarta e também não pode se transformar em um sapo. Já eu, consigo virar pássaro e depois voltar a ser humana.*

A mudança que ocorre durante a metamorfose dos animais envolve hormônios específicos que são responsáveis pela transformação na fisiologia e na estrutura de seu corpo e, para entender como os hormônios agem nesse processo de transformação, vou explicar sobre dois casos que acontecem na natureza: **a metamorfose de insetos e a metamorfose de anfíbios**

Metamorfose dos insetos

Para iniciarmos, deixe-me apresentar quem são os insetos que aprendi na disciplina de Biologia durante a aula de metamorfose da feitiçaria. Os **insetos** pertencem ao *Filo Arthropoda* da Classe *Insecta* e representam o grupo com a maior diversidade entre todos os animais do planeta, tanto em suas cores como em sua morfologia. São seres invertebrados, o que significa que não possuem coluna vertebral, caracterizando-se por possuir exoesqueleto (esqueleto externo) feito de quitina. Esses bichinhos ocupam o Planeta Terra há cerca de 350 milhões de anos, muito antes do surgimento de qualquer ancestral humano.

Ao longo da história, diferentes sociedades foram atraídas pelos insetos em virtude de sua beleza e mistério. Em consonância, no Egito antigo, era comum usar amuletos na forma **escaravelhos.** Esse artefato era baseado na espécie *Scarabaeus sacer,* um escaravelho esterqueiro nativo do norte da África.

As **cigarras,** na cultura chinesa, eram tidas como símbolos de renascimento, imortalidade e a oscilação e o rápido bote de um **louva-deus** são evocados no kung fu chinês. Para diferentes comunidades indígenas esses animais são usados tanto na alimentação como em remédios naturais, além de serem considerados elementos mágicos-rituais.

Independente das crenças em torno desses animais é importante ressaltar que a existência deles é fundamental para manter o **equilíbrio dos ecossistemas**, como no caso das abelhas, vespas e borboletas, que garantem a reprodução de diversas plantas a partir do processo de polinização.

Agora que sabemos um pouco mais sobre os insetos, vamos falar sobre sua metamorfose que pode ocorrer de três maneiras: **ametábola, hemimetábola e holometábola.**

Os **insetos ametábolos** possuem desenvolvimento direto, o que significa que não passam pelo estágio larval (não ocorre metamorfose). Quando eclodem dos ovos, a sua forma jovem é parecida com sua forma adulta e se diferem apenas no tamanho. Um exemplo são as traças-dos-livros (ordem Thysanura) e os poduras (subordem dos Colêmbolos).

Insetos hemimetábolos (hemi = "parcial, gradual"; metabole = "mudança") como libélulas, gafanhotos, percevejos, baratas, sofrem uma metamorfose gradual. Quando eclodem do ovo, na sua forma imatura (larvas) são chamados de ninfas e assemelham-se aos adultos, no entanto, são menores e possuem asas e estruturas genitais imaturas. Tornam-se mais maduros a cada **muda**, até a última mudança, quando o inseto é um adulto dotado de asas que possibilitam seu voo e são sexualmente maduros, podendo se reproduzir.

*Você deve estar se perguntando: "O que é muda? Acertei? A muda é a troca de "roupa" dos insetos, mas em vez de ser uma troca, por exemplo, de camiseta como os humanos fazem, eles trocam de **exoesqueleto**. Para isso, são secretadas enzimas que amolecem a cutícula existente, permitindo o inseto sair do exoesqueleto antigo. Após a muda, o novo exoesqueleto permanecerá mole para que o inseto possa se expandir, mas com o tempo se endurecerá novamente, fazendo com que seja necessário mais uma fase da muda.*

Insetos holometábolos (holo = "inteiro, completo" metabole = "mudança") como as moscas, besouros, mariposas e borboletas, passam por uma metamorfose completa.

Até se tornar adulto, o inseto sofre uma série de mudas, passando por quatro ciclos: **ovo, larva, pupa e imago**. Quando eclode do ovo, a larva é coberta com uma dura cutícula. Para poder crescer o inseto precisa produzir uma cutícula nova e maior, descartando a cutícula velha. A larva sofre uma muda metamórfica e se transforma na pupa (crisálida). A pupa não se alimenta, a sua energia provém dos alimentos ingeridos enquanto larva e algumas espécies como as borboletas, produzem um casulo que protege a pupa durante o seu desenvolvimento. No estágio imaginal (imago), é quando as estruturas adultas são formadas e substituem as estruturas larval, permitindo ao adulto sair do invólucro pupal (casulo). - *É um processo longo até o inseto conseguir se metamorfosear, não é tão rápido como a magia!*

Para que os insetos consigam passar pela metamorfose é necessário uma variedade de hormônios, mas três se destacam como fundamentais: **hormônio protoracicotrópico (PTTH)**; **ecdisona ($C_{40}H_{27}O_{27}$)**; **hormônio juvenil (JH)**.

Tanto em insetos hemimetábolos quanto nos holometábolos, o processo de muda tem início no cérebro, onde células neurosecretoras liberam o **hormônio protoracicotrópico** (PTTH) em resposta a fatores neurais, hormonais ou ambientais. O PTTH é uma proteína que tem como função estimular a produção de **ecdisona** pela glândula protorácica.

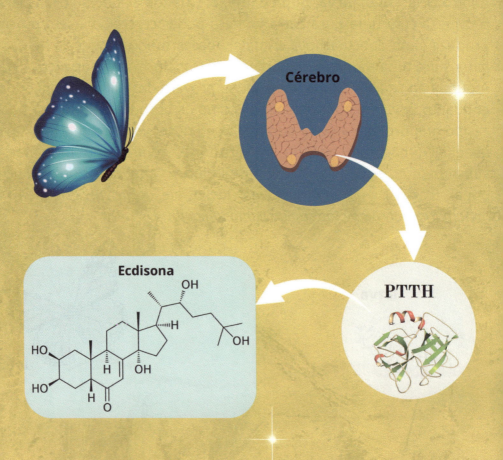

A ecdisona não é um hormônio ativo, mas um pré-hormônio que precisa ser convertido para a forma ativa. Esse processo é denominado ativação periferal e, nesse caso, a ecdisona é convertida em **20-hidroxiecdisona ($C_{27}H_{44}O_7$)**. Cada troca de exoesqueleto é ocasionada por um ou mais pulsos de 20-hidroxiecdisona, esse hormônio estimula a epiderme a secretar enzimas que irão digerir a cutícula atual e sintetizar uma nova.

20-hidroxiecdisona

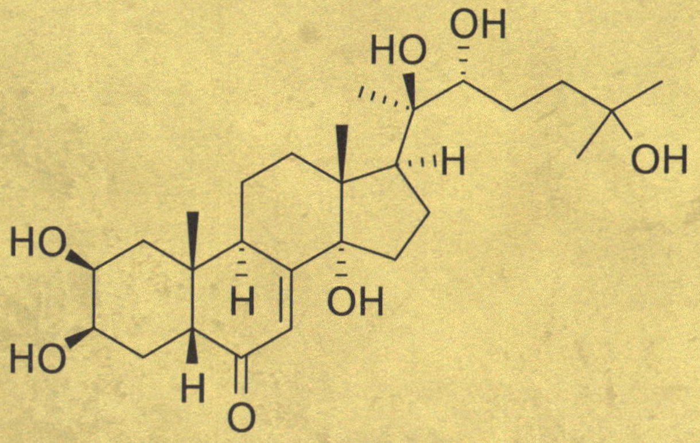

Troca do exoesqueleto

O **hormônio juvenil (JH)** é gerado por uma glândula endócrina chamada de *corpora allata*. O JH tem como função regular o número de mudas e o momento da transformação de larvas em pupas e, finalmente, em adultos, dependendo do tipo de metamorfose que o inseto passará.

Hormônio Juvenil (JH)

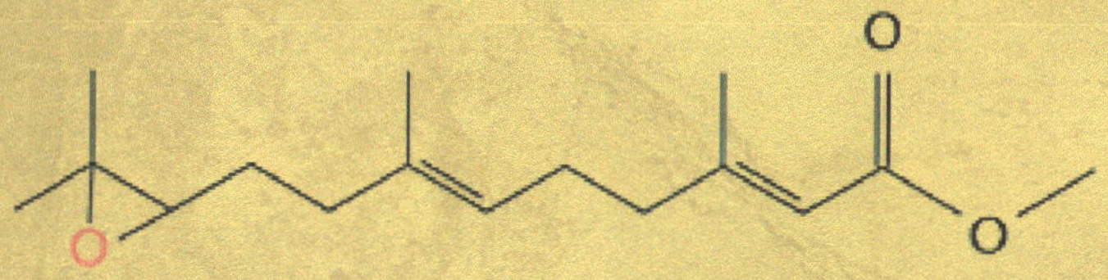

Em cada estágio larval existe um período em que a presença de JH impede a transformação da epiderme larval em epiderme pupal. Se o JH está presente, a epiderme continua a ser larval, em caso de ausência do JH ela se torna pupal. Em insetos holometábolos, a ecdisona é secretada mais uma vez no final do estágio pupal, nesse estágio não se identifica JH e, uma vez que este não estará presente, a ecdisona dará início à metamorfose da forma adulta. Após a metamorfose, o adulto está apto para a reprodução.

Bem... Parece que já temos três ingredientes para nossa poção. Vamos ver o que acontece na metamorfose dos anfíbios e se tem mais algum ingrediente.

METAMORFOSE DE ANFÍBIOS

A classe Amphibia, do grego "Amphi", que significa dupla e "Bio" que significa vida, são seres vertebrados e se caracterizam por possuírem sangue frio, a sua temperatura corporal varia de acordo com a temperatura ambiente. Esses animais são pertencentes ao grupo mais diverso dos vertebrados e podem ser encontrados em praticamente todo o mundo, com exceção das regiões mais frias, pólos norte e sul.

Os anfíbios são classificados em três ordens: **anuros**, que quando adultos não têm cauda, são representados pelas rãs, sapos e pererecas; **urodelos**, que possuem corpo alongado, caudas e patas nas laterais, como exemplo desta classe temos as salamandras e tritões; **apódes** ou gymnophiona, que são seres de corpo cilíndrico e não possuem patas, as cobras cegas são um exemplo.

Anuros   **Urodelos**   **Apódes**

Esses animais passam uma parte da vida na água e outra parte na terra. A vida dupla desses animais faz com que o **processo metamórfico** tenha como função preparar o seu organismo aquático para uma existência terrestre. As modificações em urodelos são pouco perceptíveis, incluem a reabsorção das nadadeiras da cauda, a destruição das guelras externas e a mudança da estrutura da pele. Algumas espécies de ápodes não passam pelo estágio larval, ou seja, não sofrem metamorfose. As mudanças metamórficas mais significativas acontecem com os anuros, onde quase todos os órgãos são modificados e por essa razão irei me aprofundar na metamorfose dessa ordem.

Para compreender os anfíbios anuros, além de usar os livros de Biologia para estudar sobre a metamorfose, também me debrucei sobre as pesquisas da bióloga brasileira **Bertha Lutz (1894-1976),** uma cientista que descreveu e catalogou diferentes espécies de anfíbios anuros e publicou importantes estudos sobre esse grupo de animais, incluindo a descoberta da espécie de sapos, o *Paratelmatobius lutzii*.

E, como eu, Matinta Perera, **Bertha Lutz (1894-1976)** também tinha uma vida tripla, além de cientista era educadora e política que dedicou sua vida à luta feminista, tendo empenhado-se na aprovação de uma série de direitos civis e políticos para as mulheres brasileiras, incluindo a aprovação da legislação que outorgou o direitos às mulheres de votarem e serem votadas em 1932.

Depois de longos estudos sobre a metamorfose dos anfíbios anuros, compreendi que as transformações sofridas por eles são induzidas pelas ações dos **hormônios tiroxina** - **T4** ($C_{15}H_{11}I_4NO_4$) e **tri-iodotironina** - **T3** ($C_{15}H_{12}I_3NO_4$) que são produzidas na glândula tireóide. -*Esses hormônios também são produzidos pela glândula tireóide dos humanos.*

Tiroxina - T4

Tri-iodotironina - T3

Cada fase da metamorfose depende da concentração de tiroxina e tri-iodotironina e é regulada pela competência dos diferentes tecidos em responder a esses hormônios da tireóide. - *Enfatizo que existem outras substâncias e reações envolvidas nos organismos desses animais que permitem a ocorrência da metamorfose, não se limitando apenas aos hormônios citados.*

Os **girinos** se caracterizam por possuírem corpos alongados, caudas longas e brânquias externas. Como estão adaptados à vida aquática, acabam se alimentando principalmente de algas e matéria orgânica suspensas na água. O girino é a fase larval no ciclo de vida da maioria dos anfíbios anuros, normalmente eclodem de ovos depositados em ambiente aquático, como lagoas e rios, mas também podem ser depositados em ambientes terrestres que estejam suficientemente úmidos.

Ovos de anuros   Girino- fase larval

A fase da metamorfose, em que o girino começa a passar por adaptações em seu corpo que vão lhe permitir viver em ambiente terrestre, é chamada de **pró-metamórfica**. O início das transformações acontecem quando a glândula da tireoide começa a secretar a tiroxina (T4), que é em seguida convertida na tri-iodotironina (T3), o hormônio que será responsável pela maioria das atividades metabólicas. Nessa fase, as brânquias presentes nos girinos, usadas para trocas gasosas na água, são retraídas e começam a se desenvolver brânquias internas e pulmões, pois na fase adulta, a respiração ocorre por via cutânea (pele) e pulmonar.

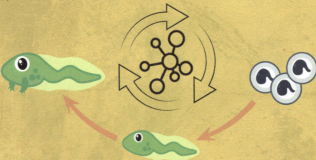

Além disso, as patas traseiras e dianteiras começam a se desenvolver, a cauda começa a encolher pois é gradualmente absorvida por enzimas, e os olhos mudam de posição movendo-se para o topo da cabeça. Os olhos laterais do girino são típicos de herbívoros, já os olhos frontais condizem com o estilo predatório no qual está se tornando. Essa mudança na posição dos olhos são modificações dependentes de hormônios da tireóide.

Anuro na fase pró-metamórfica

A fase final é chamada de **clímax da metamorfose.** É nessa etapa que acontece as últimas mudanças no girino para que ele se torne um jovem anuro. Nessa etapa da metamorfose os níveis de concentração do hormônio tri-iodotironina (T3) são maiores, pois estão envolvidos na formação de novos tecidos e na reorganização da musculatura e dos órgãos. Em consonância, os membros de locação do anfíbio estão desenvolvidos por completo, a parte da cauda restante é absorvida por meio da digestão enzimática. Outras modificações incluem a boca e o tubo digestório que é adaptado para acomodar uma dieta carnívora, pois quando adultos, os anuros são capazes de capturar alimentos maiores, como insetos e pequenos vertebrados.

Anuro adulto

CICLO COMPLETO DA METAMORFOSE DOS ANUROS

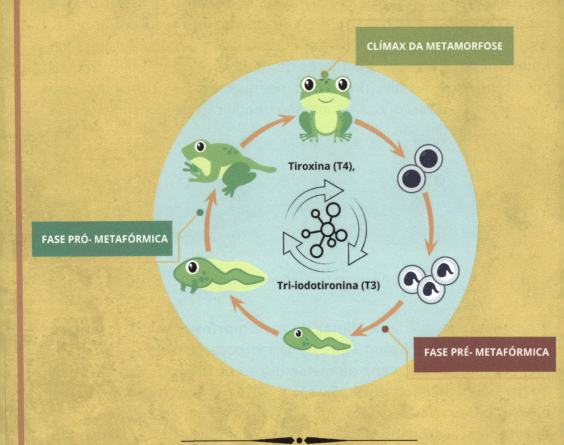

Agora que você aprendeu sobre a metamorfose dos anuros é bom que saiba que esses animais são fundamentais para o **equilíbrio ecológico**, pois ajudam no controle das populações de insetos, que podem ser vetores de doenças tanto em animais quanto em humanos, como o mosquito **Aedes aegypti**, transmissor da febre amarela e da dengue.

Também podem ser fonte de alimento para outras espécies, como os peixes, répteis e aves e fornecem ainda, compostos biológicos que podem ser usados por humanos para a produção de analgésicos, antibióticos que servirão no tratamento de diversas doenças. Além disso, são considerados **bioindicadores**, pois sua presença ou ausência em determinadas áreas, indicam as oscilações ambientais causadas pela interferência humana nesse ambiente.

Contudo, mesmo exercendo papéis de extrema importância, esses animais vêm sofrendo uma diminuição nas suas populações devido a perda de seu habitat, causados pelo desmatamento, queimadas, poluição das águas e alterações climáticas

O que denota que é urgente a proteção da **floresta Amazônica**, bem como dos demais **biomas brasileiros**, pois só assim será possível combater a perda da biodiversidade e preservar as vidas que dali se sustentam. É necessário a sociedade como um todo aprender com os povos indígenas, considerados os **Guardiões das Florestas.** Sua forma única de viver e ocupar um lugar ajudam a ampliar a fauna e flora, pois se veem como parte da natureza e tem nela a sua identidade cultural e a fonte dos meios de sua subsistência, reconhecem assim a importância de protegê-la para as gerações futuras.

Entre sapos e insetos: Será que descobri a fórmula para fazer uma poção de metamorfose?

Ao longo deste capítulo aprendemos sobre os diferentes hormônios (protoracicotrópico, ecdisona, hormônio juvenil e os hormônios da tireóide, tiroxina e tri-iodotironina) envolvidos no processo de metamorfose, tanto de insetos como de anfíbios.

A pergunta que não quer calar: "*Se misturarmos todos eles é possível fazer uma poção de metamorfose?*" Preciso dizer que o processo não é tão simples assim. A metamorfose em animais é uma condição genética pré-determinada e essas substâncias não agem de forma isolada, pois elas dependem de todo o organismo para cumprir sua função.

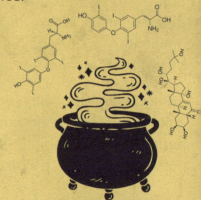

Mas não há motivos para ficar triste! Apesar de geneticamente ser impossível a metamorfose em humanos, metaforicamente ocorre o tempo todo, pois estamos em mudanças constantes desde o momento que nascemos. Ao longo da vida mudamos nossos gostos musicais, nosso estilo de se vestir, a comida favorita passa a ser outra, nossas opiniões amadurecem e assim vamos construindo nossa subjetividade, como dizia **Raul Seixas** : *"Prefiro ser essa metamorfose ambulante, do que ter aquela velha opinião formada sobre tudo....Fit..Fite..Fiuite!"*. Cada fase da nossa vida é única e a cada "muda" descobrimos um universo novo cheio de possibilidades, não seria essa uma das mais belas metamorfoses?

Fit, Fite, Fiuite.... Qual a frequência do assovio de Matinta Perera?

O pescador ao adentrar pelas curvas do rio, onde suas águas dançam entre a mata fechada, ouve um canto de longe...**Fi-Fite-Fuite...** ele bem sabe que sou eu: Matinta Perera me transformando em passáro. Meu canto é uma mistura de notas graves e agudas. O pescador sabe que hoje não pode demorar-se, pois para ele o som do meu assobio tem significado de mau agouro, mas não tem!

Éguaaa!! Não posso nem assoviar, que já é mau agouro?! Venha comigo, que vou explicar o que tem por trás da minha **vocalização** e o porquê de as pessoas se amedrontarem tanto! Adianto que não tem nada de mau presságio não.

Minha característica principal é o assovio com timbre agudo.- *Minha vocalização é potente e única! Por isso uso ela para conseguir minhas prendas, geralmente faço isso mais no Norte do Brasil.*

O assovio que produzo e que também é realizado por outras aves e animais diversos tem como intuito a **comunicação**, que acontece por meio de **ondas sonoras** que ao serem emitidas em ambientes florestais são muito mais eficientes de se propagarem em diferentes direções.

Cada espécie de ave possui seu próprio sistema de comunicação que irá depender de seus processos evolutivos, por meio do qual o som é propagado e da organização social de sua espécie.

Da mesma forma, se pensarmos no contexto da comunicação humana vocalizada, existem globalmente inúmeras formas de **linguagem**. Contudo, diferentemente dos outros animais, os humanos possuem maior capacidade de aprender diferentes linguagens fora do seu ambiente comum, além de criarem novas formas de comunicação que perpassam questões sonoras, buscando assim incluir na comunicação pessoas que possam vir a ter alguma deficiência auditiva ou surdez, usando de linguagem de sinais, essa que assim como a língua falada pode vir a ser diferente em cada região do mundo, como acontece com a **Língua Brasileira de Sinais (Libras)**.

Aline[5]   Fabi[6]

Você sabe como ficaria seu nome em LIBRAS? O meu, Matinta Perera, fica assim:

---

[5] Aline Vanessa Poltronieri Gessner atua como Tradutora-Intérprete de Libras-Português no Departamento de Ciências Exatas e Educação (CEE), na Universidade Federal de Santa Catarina UFSC, campus de Blumenau/SC.

[6] Fabiana Schmitt Corrêa atua como docente (DE) de Libras no Departamento de Ciências Exatas e Educação (CEE), na Universidade Federal de Santa Catarina UFSC, campus de Blumenau/SC.

A vocalização das aves é classificada em duas categorias: chamados e cantos. Os **chamados** são curtos e repetitivos, usados na comunicação entre a prole e os pais, alarme contra predadores e aviso de alimento encontrado. O **canto** se caracteriza por ser um som mais complexo, que possui melodias e tem uma duração maior, este é usado para delimitar território, atrair fêmeas para o acasalamento e para a comunicação em distância maiores. - *Quando quero desassossegar o indivíduo de interesse e assim conseguir minha oferenda, faço três chamados: durante o caminho, quando o indivíduo se deita para dormir e quando acorda...*

Para entender a minha vocalização, eu Matinta Perera precisei de uma ajudinha da Biologia e da Física.

A primeira área que me debrucei a estudar foi a Biologia, que permite compreender a anatomia dos órgãos que possibilitam a vocalização das aves, que assim como eu, encantam. O que aprendi é que os mamíferos em geral, incluindo os humanos, possuem a **laringe**, um órgão em forma de cone que se localiza na região anterior do pescoço (garganta).

Ela permite a passagem do ar na respiração, além de ser responsável pela fala, através da **vibração** de estruturas e um complexo processo de movimentação das **cordas vocais**, que se localizam no interior da laringe. Quando o ar passa pela laringe ele provoca a vibração dessas estruturas possibilitando a emissão de sons vocais, seja a fala ou outros sons que permitem a comunicação, a depender de cada espécie.

Por outro lado, entendi que no lugar da laringe as aves possuem a siringe, um órgão com uma função parecida. Mas fique atento, não são todas as aves que possuem esse órgão vocalizador, por exemplo, o **urubu-de-cabeça-preta** (nome científico: Coragyps atratus) não o tem, assim nem se ele quisesse poderia competir com o sabiá, imagine comigo!

A siringe está localizada mais ao final da traquéia, na bifurcação que forma os brônquios do pulmão. A vocalização normalmente ocorre durante a expiração, quando a passagem do ar pela siringe gera uma vibração do par de membranas denominadas timpaniformes posicionadas nos dois lados da siringe.

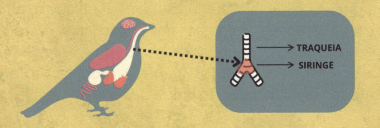

A **frequência** dos sons produzidos pela membrana siringeal corresponde às taxas em que oscilam estas membranas. Essa vibração é amplificada e o som sai pela boca na forma de ondas sonoras que escutamos.

Os pássaros são capazes de modular a frequência dos sons produzidos através da contração ou relaxamento dos pares de músculos siringeais. Nas aves em que a siringe é pouco desenvolvida, as emissões sonoras são caracterizadas por grunhidos e bufadas. - *Quando quero causar o desassossego em busca da oferenda eu uso a siringe e quando vou reivindicar a prenda eu uso a laringe! Os meus cantos são surpreendentes, você não acha?!*

Você sabe como as emissões sonoras são produzidas na siringe? Para isso vamos voar na onda da Física.

Busquei inicialmente compreender a definição de **som** e depois de estudar por meio de diferentes livros de Física, concluí que o som pode ser definido como uma **onda mecânica longitudinal**, isto é, ele se propaga apenas em meio material e possui uma direção de propagação paralela à vibração que as gerou.

O som pode se propagar em fluidos gasosos, como na atmosfera; em líquidos, pois é possível ouvir debaixo de água; e através de sólidos, quem nunca se incomodou com o som alto da música do alto falante de algum vizinho atravessando a parede em um domingo de manhã?

E não para por aí. Pude compreender que as ondas sonoras que emito são caracterizadas pela sua amplitude, frequência e o seu comprimento de onda.

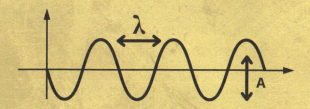

A **amplitude (A)** é a variação máxima em relação ao ponto de equilíbrio. A **frequência (f)** corresponde ao número de vibrações por segundo e é medida em hertz (Hz). O **comprimento de onda (λ)** é a distância entre a crista de uma onda e a da seguinte.

A relação entre f, λ e a velocidade do som **(v) é: V = λ.f**. A velocidade média do som no ar é de 343 m/s, mas varia em diferentes meios. A sua velocidade pode ser afetada por fatores como temperatura, pressão, densidade e elasticidade do meio da qual as ondas sonoras se propagam.

Assim como a luz tem seu espectro, o som também possui seu espectro sonoro, um conjunto de todos os sons audíveis e não audíveis, por nós, humanos. Os ouvidos humanos são sensíveis aos sons com frequência entre 20 Hz a 20.000 Hz. Frequências menores que 20 Hz são chamadas de infrassônicas e maiores que 20.000 Hz de ultrassônicas.

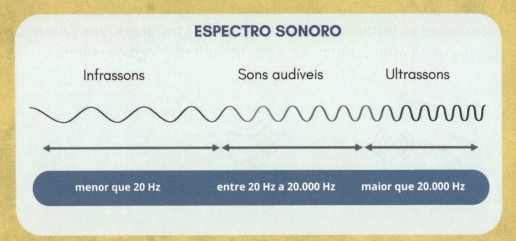

Para se produzir uma **onda sonora** (o som) é preciso causar uma vibração que venha a perturbar o estado de equibibrio das partículas do meio, no caso da propagação sonora pela atmosfera, a **perturbação** vai acontecer nas moléculas que constituem o ar. No vácuo não é possível produzir som, justamente porque não existe matéria, não há moléculas presentes para definir a vibração - *Dessa forma, se eu resolver vocalizar no vácuo, não vou emitir nenhum som.*

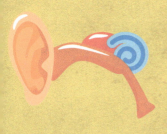
No ouvido humano, as ondas passam pelo canal auditivo atingindo o **tímpano**, uma membrana que se assemelha com um tambor. No tímpano há três ossos chamados de bigorna, estribo e martelo (são os menores ossos do corpo humano).

Com a vibração do tímpano os três ossos se movem com a mesma frequência das ondas, as quais são direcionadas para a **cóclea**, que transforma as ondas em sinais elétricos e as envia para o cérebro através do nervo auditivo. Os sinais elétricos são percebidos no cérebro como sons que podem ser reconhecidos e compreendidos.

Até agora contei o que é o som e como ele é produzido, mas você sabe o que faz as pessoas temerem minha vocalização como rasga-mortalha e apreciarem o canto do sabiá?

A **Física** explica que os sons podem ser caracterizados pela sua intensidade, altura e timbre. Devemos compreender que a **intensidade** está relacionada com a quantidade de energia transportada pelo som, podendo este ser mais forte ou mais fraco. Quando a intensidade é mais fraca, que possui menos energia, a amplitude será menor. Quando a intensidade do som é mais forte, que possui mais energia, a amplitude será maior.

A **altura** se refere a frequência do som. Sons mais altos que se caracterizam por serem mais agudos possuem uma maior frequência. Por outro lado, os sons mais baixos, que são mais graves, possuem uma menor frequência.

O **timbre** pode ser denominado como a qualidade do som que permite reconhecer sua origem. Cada onda sonora apresenta um formato característico, que depende do material que produziu o som. O timbre é o que permite reconhecermos a voz das pessoas, identificar notas musicais, distinguir as aves pelo seu canto. *Meu timbre é inconfundível!!!*

Juntando todas essas características, podemos ter sons que são mais agradáveis aos ouvidos do que outros. Assim, talvez o meu som, com toda a sua energia, tem uma intensidade maior, o que pode ocasionar uma pressão maior no tímpano de quem o escuta e levando a uma sensação desagradável, mas não de medo e muito menos mau agouro, isso tudo é reflexo do não entendimento de quem são as minhas ancestrais e eu!!! **Fit...fit...fitt...** para você que compreendeu a ciência envolvida no meu canto e encanto

Fique atento aos sons que você ouve, pois a **Organização Mundial da Saúde (OMS)** considera poluição sonora de 50 decibéis (dB) como prejudicial e, a partir de 55 decibéis (dB), pode acarretar efeitos negativos na função auditiva do indivíduo e sons com intensidade acima de 75 decibéis (dB) podem elevar o risco de perda auditiva!!

Quando estou metamorfoseada de rasga-mortalha, muitos acreditam no mito de que estou por anunciar um **mau presságio**. Analisando os dados e informações científicas disponíveis na literatura especializada, chego à conclusão que o canto agudo que produzo, nada mais é que as **ondas sonoras** produzidas na minha siringe. Essas ondas possuem altas frequências e carregam com si uma energia alta o suficiente para ao entrar em contato com os ouvidos humanos, ocasionar pressão intensa que pode gerar assim uma sensação de **desconforto.**

O único perigo, associado a minha forma de rasga-mortalha, é a ignorância humana. Por causa dessa ignorância há uma interpretação errônea sobre mim. Muitos veem Matinta como um pássaro de mau agouro, o que muitas vezes gera uma onda de violência com ataque de pedras e/ou armas de fogo, provocando lesões que muitas vezes ocasionam a morte desses animais - *Afinal, nem todas as corujas Suindaras são Matinta Perera, e mesmo que fossem, não justificaria a perseguição. Eu, não faço mal a ninguém!*

43

Por isso, meus caros, é importante separar crendices populares de fatos da **ciência**. Ao contrário do que dizem, é uma sorte imensa ter me por perto, pois quando estou em **metamorfose**, me alimento de anfíbios, pequenos mamíferos e insetos. Assim, contribuo para o controle populacional e, consequentemente, para o controle ecológico em áreas urbanas, diminuindo as chances de transmissão de doenças desses animais para humanos.

Meu som e meu nome também encantam os poetas!!! Sim, **Tom Jobim** apaixonado pela sonoridade do meu nome, Matinta Perera, a fauna e a flora Brasileira, por Guimarães, Carlos Drummond de Andrade e Mário Palmério, compôs a música **Matita Perê**! *Não é só a Garota de Ipanema que é musa inspiradora, eu também sou!!*

Matita Perê!

No jardim das rosas de sonho e medo
Pelos canteiros de espinhos e flores
Lá, quero ver você
Olerê, Olará, você me pegar...

-Tom Jobim.

Lembre-se que a rasga-mortalha, sendo eu ou não, emite o **som forte** durante o voo para comunicar-se, amedrontar possíveis ameaças durante o período reprodutivo!! Dessa forma, não há nada a temer ao ouvir o meu assovio por aí, a não ser que você seja um rato, e se não for, é só apreciar a minha beleza. *Quem sabe também, só sou eu Matinta Perera, querendo um cafézinho.*

44

Lá vem Matinta buscar sua prenda.

Café: A prenda favorita de Matinta Perera

Dona Domingas, ocupada moendo seu **café** nem se dá conta que os raios de sol estão a se esconder no horizonte. Logo, seus netos chegam da escola e com o anoitecer chega também o canto da rasga-mortalha para seu desassossego.

Faz mais de uma semana que todas as noites Dona Domingas escuta sobre sua casa o **fiiite...fiiite...fiiite**...**fiiite** de Matinta Perera, um som tão agudo que não deixa ela e seus netos dormirem com tranquilidade...Mas Dona Domingas elaborou um plano para aquela noite: oferecer café a Matinta. Assim, ao adentrar da noite escutou o **fiiite** e foi para janela e gritou: **"Vem Matinta, vem buscar café amanhã!"**, seus netos assustados não acreditaram na coragem da avó...Todos na casa observaram, o som do meu assovio, até que não puderam mais me escutar.

Quando deu seis horas da manhã, alguém bateu em sua porta. Domingas e seus netos se assustaram, mas corajosa que só ela, Dona Domingas ao abrir a porta, exclamou *"é a professora de Química de vocês, meus netos!"*... *"Égua! O que será que vocês aprontaram?"* Porém, a professora não tinha nenhuma reclamação a fazer e, sim um pedido: *Vim buscar o meu café!* A minha identidade de Matinta foi revelada a Dona Domingas, que muito sábia, guardou essa revelação para me proteger- *Sou muito grata a ela!*

Se fosse alguns anos atrás eu também iria aceitar um tabaquinho, mas estou tentando construir hábitos mais saudáveis, conciliar a Docência com minha condição de Matinta Perera, me exige muito, mas o cafézinho, esse eu não abro mão! Quem vai me julgar? Café é um companheiro para todas as horas. E quem não gosta é porque tomou errado!

Meu vício no café não é à toa...Sim, o café pode viciar! Nessa bebida que amo, há uma molécula nos seus grãos chamada de **1, 3, 7 - trimetilxantina** ou para os mais íntimos, apenas **cafeína**($C_8H_{10}N_4O_2$).

cafeína

Estudei muito sobre a cafeína no período da graduação em **Ciências da Feitiçaria**, quando fazia pesquisa sobre os alcalóides em um projeto de Iniciação Científica (IC) na **Universidade Vitória-Régia**. Agora você deve estar curioso(a), para saber mais sobre essa molécula tão pai d'égua, calma, que a diva da ciência vai te explicar tudinho!

A cafeína ($C_8H_{10}N_4O_2$) é uma molécula orgânica classificada como um **alcalóide** e está presente em aproximadamente 60 espécies de plantas, como nas folhas da erva-mate; guaraná; folhas de coca; cacau, , mas a forma mais consumida é por meio do café.

Você sabe o que é um alcalóide? Matinta explica.

Alcalóides são compostos orgânicos cíclicos que contém nitrogênio, ou seja, entre os carbonos que formam um ciclo há ao menos um nitrogênio, como indica a imagem ao lado.

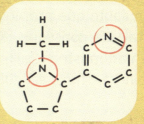

Estes compostos podem tanto ser extraídos de plantas como ser sintetizados em laboratório. Nos vegetais são responsáveis pelo amargor das flores e folhas, já no organismo humano, causam dependência.

Consultando as anotações de minhas ancestrais pude saber que o **cafeeiro** (Família Rubiácea) é uma planta nativa da **Etiópia**, um país da África Oriental, em que o grupo de etnia Sheko, da zona de Kaffa, consumia o café, como uma bebida medicinal denominada Çhémo. Mas foram os **árabes** os responsáveis pela sua disseminação.

No Brasil, o cafeeiro chegou por volta de 1727, pelas mãos do Sargento Francisco de Mello Palheta, chegando inicialmente à cidade de Belém do Pará - *Terrinha que amo!* Contudo, a cultura do café não se difundiu nessa região, por conta do clima. O cultivo do café movimentou a economia do Brasil durante o período colonial, o qual enriqueceu os senhores de engenhos, contudo esse enriquecimento foi às custas de conhecimentos usurpado dos povos africanos que foram escravizados, estes detinham o domínio das técnicas de produção, desde a escolha e preparo do solo, passando pelo plantio e tratamento da planta, pela colheita e, enfim, pelo processamento do produto.

Uma das principais características da molécula da cafeína é seu efeito estimulante que promove o aumento da atividade do sistema nervoso central. Ela consegue fazer isso, pois sua estrutura é muito parecida com a **adenosina** ($C_{10}H_{13}N_5O_4$), um neurotransmissor que causa o sono e melhora o fluxo sanguíneo.

Adenosina   **Cafeína**

A cafeína ocupa os receptores da adenosina e isso faz com que este neurotransmissor não cumpra sua função de nos fazer dormir e, por isso, quando ingerida, nos deixa com a sensação de maior energia, prontos pra curtir a noite, seja na balada ou corrigindo provas, como geralmente tenho que fazer, por isso que peço café quando estou na forma de rasga-mortalha, viu como tudo faz sentido? *A ciência é primorosa, você não acha?!*

Para conseguir consumir o café como bebida é necessário passar o grão por alguns processos, que eu, Matinta Perera, gosto de chamar de **rituais**. Quando a prenda que me dão é em grão, antes de mais nada, preciso passá-lo pela moagem, mas dessa vez, o preparo vai ser mais rápido, o café oferecido por Dona Domingas veio moído.

A primeira coisa que faço é colocar a água para esquentar no fogão a lenha; em seguida preparo o coador de pano no bule para receber o café moído. Depois de tudo pronto, aos poucos despejo a água aquecida, primeiro nas beiradas em movimentos circulares, até molhar todo o pó do coador, e assim, por meio da **filtração** faço uma extração de diversas substâncias, entre elas a cafeína - *Vale dizer, que o café dado por Dona Domingas tem borogodó, égua do cafezinho bom!*

Você sabe como se extrai somente a molécula da cafeína? Para isso, é necessário usar de técnicas que necessitam de alguns aparatos. No laboratório eu troco o fogão a lenha por chapas ou mantas de aquecimento; o coador de pano por sistemas de filtração a vácuo e a água potável por água deionizada que é utilizada em conjunto com sais básicos e solventes orgânicos, mas claro, o método utilizado vai depender da fonte de cafeína, nem sempre é necessário todos esses aparatos.

Um dos métodos que uso para a extração da cafeína é por meio de solventes, uma **extração sólido-líquido**. Primeiro eu preparo a minha fonte de cafeína, que podem ser a erva - mate, chá preto ou o café. *Muitos pensam que a cafeína está presente somente no café!!! Contudo, você aprendeu aqui que não e já pode se quiser espalhar essa informação por aí!!*

Bem! Como geralmente recebo bastante café das prendas, eu separo o que vou consumir e um pouco eu uso nas práticas de laboratório. Para fazer a extração usando café, eu utilizo suas cascas torradas e moídas que são colocadas em um erlenmeyer, na sequência adiciono o clorofórmio ($CHCl_3$), um solvente orgânico.

Em seguida, coloco essa mistura em uma mesa agitadora em temperatura ambiente (25°C). Depois de 30 minutos sob agitação, filtro a solução usando um sistema de filtração a vácuo, que resulta em uma solução que contém cafeína e clorofórmio. Para separar a cafeína do clorofórmio eu uso o processo de destilação, onde o clorofórmio é evaporado da mistura, deixando apenas a cafeína no recipiente.

Filtração   Destilação

A cafeína depois de extraída e purificada, é inodora e possui um sabor amargo bastante característico. No café em específico, contribui com notas de amargor importantes para o aroma e sabor do mesmo, mas claro que não é a única molécula responsável pelas notas sensoriais dessa bebida. Há várias outras substâncias químicas presentes no grão do café que são precursoras de sabor e aroma que se encontram no endosperma, como: lipídios; proteínas; açúcares; minerais; celulose.

O processo de torra utilizado no grão faz com que ocorra a chamada **Reação de Maillard** e **Caramelização**. A primeira causa a degradação de aminoácidos e açúcares, enquanto a segunda ocasiona a degradação apenas de açúcares por um processo chamado pirólise, que ocorre quando açúcares são submetidos a temperaturas elevadas. Ambas são responsáveis pelo escurecimento do grão e pelos aromas e sabores específicos do tão amado cafézinho.

Vou logo avisando: a cafeína é uma substância tóxica se consumida em excesso, assim, supõe-se que a ingestão em uma única dose de apenas 10 gramas - que equivale a 10.000 mg de cafeína, pode levar um adulto saudável ao farelo, melhor dizendo, a morte.

Calma, não precisa suspender o consumo do café! Para chegar nessa quantidade, seria necessário ingerir de uma vez em torno de 83 xícaras de café, considerando que uma xícara da bebida possa vir a ter 120 mg de cafeína, a depender de seu preparo ou da origem do café. Contudo, é bom ter cautela, o consumo excessivo de cafeína pode provocar irritabilidade, agitação, dores de cabeça e dependência. Além disso, o consumo exagerado de cafeína prejudica a absorção de ferro de origem vegetal - *Com moderação, o cafezinho é só alegria!*

Meus ancestrais sempre me contaram que o café tem um sabor amargo ou melhor dizendo, um passado sombrio, associado ao seu cultivo, que fomentou décadas de exploração de terras e pessoas, acarretando em desigualdades sociais. No Brasil, a abolição da escravatura foi adiada por força do poder político dos cafeicultores que queriam explorar a mão de obra de pessoas escravizadas. O plantio contínuo de café afetou diretamente nossas florestas, as quais foram derrubadas e queimadas, para dar lugar aos cafezais. Nos **territórios de Abya Yala**, povos indígenas foram expulsos de suas terras conforme a monocultura ganhava espaço.

No Brasil, com a abolição da escravatura em 1888 fez com que a mão de obra nos cafezais fosse substituída por imigrantes italianos. Contudo, a abolição não significou liberdade para população negra, pois sem qualquer ressarcimento por parte do Estado, ela foi jogada à sua própria sorte. Sem condições de escolarização e empregabilidade, as possibilidades de sobrevivência que lhe restavam eram os trabalhos sub-humanos, morar em zonas periféricas, ficando à margem da sociedade. *O estado brasileiro deveria indenizar os descendentes dos povos escravizados, quem sabe um dia!!!*

Tabaco: uma prenda carregada de história e química

Quando me transformo em rasga-mortalha para sobrevoar as casas da cidade e as áreas de florestas, torço para que me ofereçam café, pois quando a oferta é de **tabaco**, apesar de não o consumir há alguns anos, por tradição, devo aceitá-lo.

Nos meus 35 anos de vida e pelas histórias que meus antepassados me contam, as formas de consumo de tabaco mudaram ao longo dos últimos anos. Quando criança, lembro que na casa de vovó, da qual herdei a condição de Matinta Perera, sempre tinha o que muitas pessoas chamam de fumo de corda usado para fazer cigarro de palha ou cachimbo, pois era dessa forma que os moradores entregavam a prenda oferecida. Também vivenciei o consumo por meio dos cigarros convencionais, cigarrilhas e charutos.

O consumo do tabaco pelos povos indígenas que habitavam o Continente Americano - *terras de Abya Yala*, vem de tempos longínquos, antes mesmo da invasão dos Europeus. O meu povo usava a planta do gênero **Nicotiana** (*Nicotiana rustica* e *Nicotiana tabacum*) para diversos fins, como ritos cerimoniais de cunho religioso, rituais mágicos e também para práticas medicinais.

As técnicas para o consumo do tabaco eram diversas e dependiam da região, alguns povos indígenas o consumiam fumando, outros tinham por hábito cheirar um pó feito a partir das folhas secas - que leva o nome de rapé. Outras povos ingeriram o extrato liquefeito da planta, pela boca ou através das narinas, em forma de chá ou de uma espécie de suco. O sumo das folhas verdes ainda podia ser espalhado pela pele para que a substância presente no tabaco, a nicotina, fosse absorvida pela derme.

O tabaco também era empregado em práticas medicinais. A *Nicotiana rústica* era usada contra **distúrbios intestinais**, enquanto a *Nicotiana tabacum*, era indicada no tratamento contra as **dores da gota** - uma doença em que há o acúmulo de cristais de **ácido úrico** ($C_5H_4N_4O_3$) nas articulações, por conta de altas concentrações desse ácido no sangue.

Há registros de que nas sociedades pré-colombianas, as **plantas Nicotiana,** eram utilizadas no tratamento de dores de cabeça, dentes, articulações e, no combate a diversos tipos de parasitoses ou infestações larvais.

Na região que hoje compreende o Brasil, os povos originários, usavam o pó do tabaco para pulverizar machucados, pois o reconheciam como um cicatrizante. Outra forma de usar o tabaco era como inseticida, para fumegar lavouras. *Quando me oferecem tabaco, eu faço infusão em água e a uso para cuidar de minhas plantas e ervas medicinais.*

O tabaco era desconhecido em terras europeias, contudo, a sua disseminação ocorreu somente depois que a expedição de Cristóvão Colombo aportou no **Novo Mundo**, dando início a exploração da terra e dos povos de Abya Yala. Depois de sua chegada na Europa o tabaco alterou consideravelmente o contexto da política econômica dos governos, tornando-se a maior fonte de renda dos cofres públicos, tendo seu consumo expandindo globalmente.

Atualmente, os efeitos nocivos do tabaco são bem conhecidos, o cigarro pode ser considerado uma poção - *que jamais passou na minha cabeça em produzi-lo* - com distintas substâncias tóxicas, como a nicotina, promotora de grave dependência química. Contudo, essa percepção é muito recente. Na história da humanidade, essa droga ganhou um lugar de glamour, permeando a cultura, a filosofia e a arte.

Como no café, há um segredo por trás do tabaco que explica o apreço de diferentes civilizações por ele. Foi a segunda molécula que estudei durante a minha pesquisa sobre alcalóides, já sabe qual é? Ainda não?! Não se preocupe, que a Matinta vai explicar tudinho.

O tabaco é uma planta que possui uma alta complexidade química. Os estudos tendem a se concentrar nos alcalóides presentes na planta, sendo o principal deles a **nicotina** ($C_{10}H_{14}N_2$). A quantidade de nicotina presente nas folhas de tabaco variam de 15 a 35 mg/g por grama de folha, com concentrações de alcalóides totais chegando a 79 mg/g, dependendo do solo, do cultivo, clima e do processo usado na cura das folhas - que repousa em inúmeras transformações químicas e físicas que ocorrem nas folhas de tabaco, após a sua colheita.

A nicotina ($C_{10}H_{14}N_2$) é um alcalóide vegetal volátil, sendo encontrada, principalmente, na planta do tabaco como, por exemplo, na **Nicotiana tabacum e da Nicotiana rustica.** É classificada como uma amina terciária e sua estrutura química compreende um anel de pirrolidina conectado a um anel de 3-(1-metil-2- pirrolidinil)-piridina.

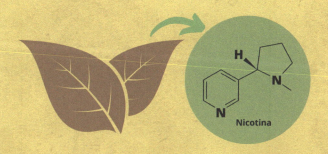

Em 1807, a nicotina foi extraída como essência do tabaco pelo italiano Gaspare Cerioli. Posteriormente, em 1828, os alemães Posselt e Reimann isolaram e purificaram a nicotina. Contudo, somente em 1971, o inglês Hamilton Russell, a caracterizou como a substância responsável por levar os usuários de tabaco à dependência. *Ainda bem que hoje tenho esse conhecimento e não consumo mais o tabaco!!!*

No laboratório de pesquisa quando me propus a isolar a nicotina das folhas de tabaco, me peguei pensando em como minhas antepassadas poderiam ter feito o mesmo processo sem os equipamentos que disponho. Ao reler os livros escritos por meu povo, identifiquei que minha tatarataravó usava a técnica de maceração, tendo como solvente a água (H_2O) e álcool etílico (C_2H_6O) para obter um extrato de nicotina, um processo lento, que exigia paciência.

Por outro lado, acredito que minha tataravó fazia uma extração mais elaborada, pois teve acesso ao tribikos um equipamento com processo similar ao atual equipamento de destilação por arraste a vapor - *Uma invenção atribuida à alquimista Maria, a Judia, para saber mais sobre ela vá até o capítulo sete - (Por trás de toda bruxa há uma cientista)- lá você irá encontrar um pouco da história dela.*

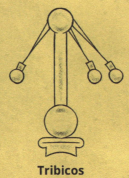
Tribicos

Entretanto, atualmente quando faço em aula, para demonstrar as técnicas de extração de alcalóides para meus queridos estudantes da **Universidade Federal da Vitória-Régia**, eu utilizo o aparelho de destilação Clevenger, em que no próprio destilador adiciono um solvente como o éter etílico ($C_4H_{10}O$) para separar a nicotina do extrato.

Quando consumida em doses muito pequenas, a nicotina é um estimulante do **sistema nervoso** central e do **coração**, mas em doses maiores atua como depressor. Ao contrário da cafeína que a dose fatal é de 10g, a nicotina precisa de muito menos para acarretar problemas, apenas 55 mg de nicotina pode levar a óbito.

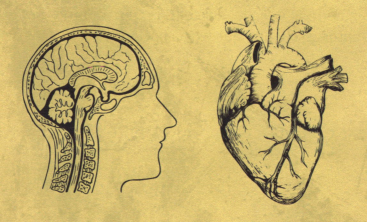

Um aspecto importante que todos devemos compreender é de como a nicotina funciona no organismo. Para isso, primeiro, você deve assimilar que a molécula da nicotina é estruturalmente semelhante à da acetilcolina ($C_7NH_{16}O_2^+$), um importante neurotransmissor que atua no sistema nervoso parassimpático.

A nicotina possui a capacidade de imitar o papel da acetilcolina, ligando-se aos receptores nicotínicos da acetilcolina, que formam um canal, que é aberto, tanto pela acetilcolina quanto pela nicotina. Quando o canal é aberto ocorre o transporte de íons de cálcio (Ca^{2+}), sódio (Na^+) e potássio (K^+) pela membrana neuronal, transmitindo impulsos elétricos até a área de recompensa do cérebro, que por sua vez, estimula a liberação de diversos neurotransmissores, entre eles a **dopamina** ($C_8H_{11}NO_2$).

A ação da dopamina estimula o sistema de recompensa do cérebro, gerando uma curta sensação de bem-estar e atenção aguçada. Toda vez que o tabaco é utilizado, a nicotina liga-se aos receptores nicotínicos e a dopamina é liberada. A duração dos efeitos da dopamina é relativamente curta, o indivíduo desenvolve o desejo de mais nicotina, gerando assim uma dependência física e psíquica, podendo levar ao tabagismo, uma doença crônica e reincidente sendo a principal causa de morte evitável no mundo.

O consumo do tabaco desde Abya Yala até os dias atuais ganhou novas conformações, a planta usada em rituais e fins medicinais ao sair das fronteiras do continente americano, ganhou um novo significado, o do poder. O anseio pelo domínio da planta foi responsável pela escravização de seres humanos, sustentou governos genocidas, gerou riqueza para poucos à custa da exploração de muitos. E, ainda hoje, mantêm bilhões de indivíduos viciados e expostos ao risco de doenças. *Parar com esse vício foi difícil, mas com certeza uma escolha que não me arrependo!*

O uso do ouro por Matinta Perera.

Você sabe que minha prenda favorita é o café e que aceito tabaco por motivos de tradição? Diferentemente de meus ancestrais não o consumo. Algumas vezes a prenda principal vem acompanhada de um mimo a mais, uma rosca de tapioca, um bolo de mandioca e por aí vai - *Éguaaaa....só de pensar dá vontade de virar coruja e vocalizar Fit..Fitte....Contudo, preciso manter a calma, pois ainda não é hora.*

Além dessas prendas, algumas vezes me oferecem ouro e outras jóias preciosas, mas não aceito, pois tenho um segredinho: *eu consigo transformar qualquer metal em ouro, mas isso fica só entre a gente! Afinal, é uma técnica que os cientistas não dominam, apenas quem faz magia!* Além disso, amo um dos meus passatempos favoritos, que envolve confeccionar os meus próprios adornos e para isso uno o meu poder de **feiticeira** no processo da transmutação de metais em ouro e meus conhecimentos de *Cientista* para transformá-lo nos adornos que desejo...

Para iniciar a fabricação de minhas jóias eu começo **transmutando** algum metal a que tenho fácil acesso em ouro. Com magia esse processo é rápido, mas para um mero mortal não é um processo simples, ouso afirmar que é praticamente impossível e vou explicar o porquê.

61

Para transformar um metal comum em ouro, sem o uso da magia, seria necessário que ocorresse uma mudança do núcleo do átomo que constitui esse metal, e o que isso significa, você deve estar se perguntando? Bom! Um átomo é constituído por partículas elementares, os **nêutrons** que possuem cargas neutras, os **prótons** que têm cargas positivas e os **elétrons** que têm carga negativa. Os prótons e nêutrons constituem o núcleo atômico, enquanto os elétrons estão ao redor do núcleo em orbitais de acordo com a sua energia, o local em que há esses orbitais é chamado de **eletrosfera.**

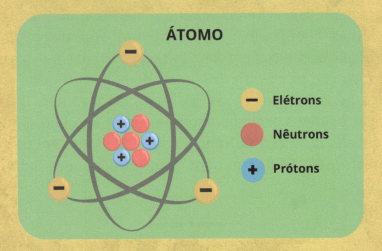

Todos nós temos uma digital única que nos diferencia de outras pessoas, certo? Do mesmo modo, cada elemento químico tem a sua identidade, que é a quantidade de prótons que ele possui no seu núcleo, que chamamos de **número atômico (Z)**. Quando temos um conjunto de átomos que possuem a mesma quantidade de prótons, classificamos ele como elemento químico.

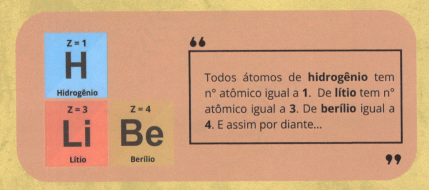

62

Dessa forma, o **ouro (Au)** é um metal de transição localizado no grupo 11 da tabela periódica que possui número atômico 79. Agora imagine que você queira transformar um metal como o **chumbo (Pb)** em ouro de modo artificial, o número atômico do chumbo é 82, então seria necessário retirar **três prótons** de cada átomo de chumbo para transmutá-lo em ouro - *Alguns podem até pensar que é fácil, mas o processo não é tão simples como parece ser...*

Para conseguir arrancar os três prótons do núcleo seria necessário bombardear o átomo usando um **acelerador de partículas**, mas a probabilidade de se atingir o núcleo e arrancar suas cargas positivas é bastante baixa. Para essa finalidade, o processo precisaria durar meses, anos para que ao final se obtivesse ouro artificialmente, contudo o custo seria altíssimo, pois o valor médio para o funcionamento do acelerador de partículas por hora é de milhares de reais, e a quantidade de ouro artificial obtida seria pequeníssima - *Éguaa,!! Se você não tiver herdado a magia de um antepassado, é mais fácil comprar um adorno de ouro em uma joalheria.*

> **Você sabe o que é um acelerador de partículas? Matinta Explica.**
>
> Os aceleradores são instrumentos experimentais desenvolvidos com a finalidade de acumular e acelerar controladamente feixes de partículas carregadas. Estes feixes podem ser utilizados no estudo da estrutura interna do núcleo atômico e das interações entre partículas elementares. O maior acelerador de partículas é o Grande Colisor de Hádrons (LHC), que pertence à Organização Europeia para a Pesquisa Nuclear (CERN) e que fica em Meyrin, Genebra, na Suíça. No Brasil, o maior acelerador de partículas é o Sirius, que está sob supervisão do Laboratório Nacional de Luz Síncrotron (LNLS), uma instituição de pesquisa em física, biologia estrutural e nanotecnologia localizado em Campinas, SP.

Alguns elementos químicos passam pelo processo de transmutação de forma espontânea, isso pode ocorrer quando um átomo recebe ou emite radiação. Os elementos que sofrem essa mudança de forma espontânea são os que possuem o número atômico (Z) igual ou superior a 84, esses elementos possuem um núcleo instável e por meio do decaimento radioativo atingem sua estabilidade.

Polônio Z = 84

O decaimento pode vir a acontecer por meio da liberação de **partículas alfa ( )**, que são formadas por 2 nêutrons e 2 prótons; por **partículas beta (β)**, que são elétrons emitidos em alta velocidade; e **raios gama (γ)**, que se caracterizam como uma onda eletromagnética. Um exemplo de decaimento é o que ocorre com o elemento **Polônio (Po)** de número atômico 84, pertencente ao 6º período do grupo 16 (calcogênios) da tabela periódica. Esse elemento possui sete isótopos naturais, sendo o mais comum o Polônio- 210 ($_{210}Po^{87}$), esse isótopo decai por emissão de partículas alfa para o chumbo-206, que é mais estável.

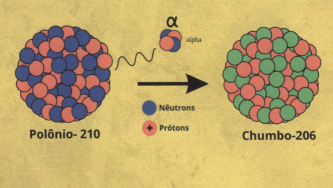

O que faz o ouro (Au) ser tão cobiçado a ponto de quererem produzi-lo em laboratório? A resposta para essa pergunta é um tanto quanto simples e está relacionada a sua reatividade ou melhor, a sua não reatividade.

O **ouro (Au)** é o mais nobre de todos os metais, é encontrado no estado nativo sendo basicamente inerte nas condições terrestres, ou seja, tende a ser mais resistente a oxidação e a corrosão. Outra característica importante é o seu fácil manuseio, pois é maleável e dúctil, faz ligas com muitos metais e pode ser fundido. Porém, o ouro (Au) não é encontrado em abundância na natureza, o que eleva o seu valor comercial.

Devido às suas propriedades físicas e químicas o ouro pode ser empregado para diversos fins: eletrônicos, medicina e odontologia, indústria aeroespacial, na fabricação de medalhas, prêmios, jóias e outros adornos - *Como eu, Matinta Perera, me divirto fazendo, e que irei explicar para vocês agora!*

Bem... Depois que transmuto o ouro, eu inicio a fabricação das minhas jóias. O primeiro passo é decidir que tipo de jóia eu quero produzir, se será um brinco, colar, anel, bracelete. Depois inicio o processo de design, em que desenho a jóia colocando todas as características que desejo nela. - *Éguaa!! Que além de cientista, a Matinta aqui tem veias artísticas.*

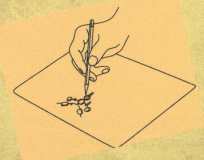

Com o design pronto, início a primeira mudança física do metal que é transformá-lo em uma liga metálica, pois o ouro puro de 24 quilates (100% ouro) é extremamente maleável, assim na sua forma pura ele perderia a sua forma facilmente, o que não é desejável para uma jóia. Dessa forma, é necessário misturá-lo com outros metais para formar o ouro de **18 quilates** (75% ouro e 25% de outro metal/is). Para isso, junto os metais em um cadinho - um potinho de cerâmica que aguenta altas temperaturas - e aqueço com um maçarico até atingir em torno de 1000°C, promovendo a fundição dos metais e, consequentemente, a formação de uma liga metálica. Depois transfiro a mistura líquida em uma forma chamada de rilheira que dará o formato de lingotes (barrinhas) quando os metais se solidificarem.

Com os lingotes prontos, transformo eles em chapas, por meio da laminação. Para isso coloco o **lingote** entre dois cilindros onde o metal é submetido a uma pressão tão grande que é comprimido diminuindo sua espessura - *Parecido com os cilindros usados para preparar massas de pães, pastéis, pizzas, etcs.. só que mais fortes!*.

Em seguida, passo as lâminas de ouro por um recozimento, onde aqueço-as com o maçarico até ficarem incandescentes. Na sequência, mergulho-o na água para resfriá-lo. Esse processo ajuda a minimizar a dureza e melhorar a ductilidade do metal.- *Dureza e ductilidade são dois termos usados na ciência dos materiais. A dureza refere-se à resistência de um material a ser arranhado, cortado ou penetrado. A ductilidade é a capacidade de um componente em sofrer deformações, sem apresentar trincas, rachaduras e outras formas de ruptura parcial ou total.*

Depois da laminação, a jóia será moldada no formato desejado para na sequência passar pela soldagem, um processo que une duas ou mais partes de uma jóia. Em seguida, faço o lixamento para retirar as imperfeições das peças, tornando o seu acabamento ainda melhor. Por fim, com um pano ou escova sintética, faço o polimento para retirar possíveis riscos provenientes do lixamento ou imperfeições na peça ocasionadas pela soldagem.

Não pense você que apenas a Matinta aqui adora produzir adornos de ouro (Au), pois há objetos desse metal que datam entre e 4600-4200 a.C e foram encontrados em sepulcros localizados na cidade de Varna, Bulgária!! Há registros históricos sobre a manipulação do ouro em **hieróglifos egípcios** que datam de 2600 a.C, onde seu uso envolvia desde a fabricação de moedas com fins monetários a fabricação de jóias e objetos para ornamentação, sendo o elemento considerado pelos egípcios como um símbolo de riqueza e imortalidade.

Um exemplo dos tantos objetos construídos pelos egípcios de que se tem registro é a máscara mortuária do **Faraó Tutancâmon**, datada do século XIV a.C, uma relíquia encontrada em 1925 pelo arqueólogo e egiptólogo britânico Howard Carter (1874-1939). A máscara é feita toda de ouro maciço, vidro e pedras preciosas, indicando as exímias habilidades dos povos africanos em manipular metais.

A **civilização Inca**, o maior império da América Pré-Colombiana (XIII - XVI) dominava o processo de obtenção do ouro, da prata e do bronze. Conheciam ainda o chumbo, o mercúrio, o cobre e o estanho. Eles desenvolveram um forno para fundição de metais de grande eficiência que permitiu desenvolver diferentes objetos. Infelizmente, muitas de suas jóias de ouro e prata foram roubadas pelos espanhóis para serem fundidas e assim aumentar os tesouros das cortes europeias.

Para produzir o meu ouro (Au) sem magia ou sem um acelerador de partículas, eu recorro a **mineração**, um processo de extração, exploração e beneficiamento do minério, que carrega na sua história um enredo de contos, cobiça e violência...

A mineração foi umas das atividades econômicas mais importantes do **Brasil colonial (1500-1822)**, e na busca de mão de obra, os invasores escravizaram etnias específicas que dominavam as técnicas envolvidas em sua extração, como as populações da **Costa da Mina** ou Costa do Ouro, que corresponde a uma região do Golfo da Guiné localizada na **costa ocidental da África**. Os homens e mulheres africanos embarcados na Costa da Mina com destino ao Brasil Colônia, dominavam técnicas de mineração do ouro e do ferro, além das técnicas de fundição desses metais. Por suas habilidades em encontrar ouro lhes foram atribuídos a denominação de "Mina".

REGIÃO DO GOLFO DA GUINÉ

Durante os séculos XVIII e XIX, na região que hoje corresponde a Minas Gerais, os mineradores acreditavam que deveriam ter uma **"Negra Mina"** como concubina, para que essa lhe desse sorte em encontrar ouro durante a sua atividade de extração, essa crença não restringia-se apenas às mulheres, incluía também os homens oriundos da região de Costa Mina. Mas, ao que os mineradores atribuíram a sorte, eram na verdade conhecimentos técnicos que esses povos construíram e aprimoraram durante séculos, desde muito antes de qualquer contato com os invasores europeus.

A mineração no Brasil Colônia era dominada pela **Coroa Portuguesa** que concedia lotes aos moradores para exploração do ouro. O trabalho nesses lotes era realizado por pessoas escravizadas e foi nesse contexto de exploração que as populações africanas advindas da região da **África Ocidental** introduziram diferentes tecnologias no processo de mineração e beneficiamento do ouro.

Dentre elas temos a **bateia**, um recipiente feito de couro de boi a qual permitia retirar pepitas e o ouro em pó. A bateia foi usada para a seleção final do ouro durante todo o século XVIII e parte do XIX, até a adoção de amalgamação com mercúrio.

Com uma função parecida tinha também as **canoas**, recipientes construídos com madeiras que eram rasos. Neles se estendia um couro peludo de boi que ajudava na retenção do ouro. Para o escoamento do metal usava-se os **carumbés**, um recipiente de madeira com formato cônico.

69

A retenção de ouro usando as bateias é um método de separação de misturas heterogêneas sólidas, chamado de **levigação**, *que se baseia na diferença de densidade entre os componentes da mistura. Um fluxo de líquido (a água do rio) é usado para arrastar os componentes menos densos da mistura (sedimentos como rochas, areia ou barro) deixando no recipiente os componentes de maior densidade (ouro).*

Com o passar do tempo as técnicas de mineração tiveram que ser melhoradas, pois com a exploração massiva, o ouro começou a ficar escasso. Um dos métodos adotados e que ainda hoje é utilizado é a **amalgamação do ouro**, que envolve como componente principal, o mercúrio (Hg) - *Não o planeta, mas o elemento químico, aquele que possui número atômico 80, fica no grupo 12 da tabela periódica, o metal que é líquido em temperatura ambiente (25°C), extremamente tóxico, aposto que lembrou!*

Nessa técnica de amalgamação, os sedimentos retirados dos leitos de rios ou da terra escavada e que contém pequenas partículas de ouro, passam por esteiras para que as partículas se assentem e sejam separados dos sedimentos mais leves. Posteriormente, para separar o ouro das impurezas adiciona-se o mercúrio, nesse processo mercúrio e ouro ligam-se quimicamente resultando em uma liga metálica sólida e densa, conhecida como **amálgama.**

Para separar o mercúrio do ouro, a Matinta aqui, adota umas das primeiras técnicas químicas que aprendi na Universidade da Vitória-Régia, a **evaporação**, dessa forma, aqueço a amálgama até ela atingir o ponto de ebulição do mercúrio em torno de 356,7 °C, que é muito menor do que o do ouro (2.836 °C). Assim, o mercúrio evapora e eu obtenho o meu precioso tesouro, o ouro.

Quando essa mesma técnica é usada por garimpeiros, sem uma estrutura adequada, há um processo de intoxicação por vapor de mercúrio. Além disso, comumente os garimpeiros despejam o mercúrio que sobrou desse processo nos rios, ocasionando a contaminação ambiental e impactando na saúde das populações indígenas e ribeirinhas.

Vamos explorar quimicamente o que acontece com o mercúrio quando ele é descartado nos rios?

Bem... Quando o mercúrio é descartado nos rios ele se transforma em umas das suas formas mais tóxicas, o metilmercúrio(CH_3Hg^+):

$$Hg^0 \quad Hg^{2+} \quad CH_3Hg^+$$

Essa reação química representa que em determinadas condições físico-químicas ou pela ação de microorganismos, os íons de mercúrio de compostos inorgânicos se ligam a grupos orgânicos, transformando-se no metilmercúrio.

Essa substância tem capacidade de ser **bioacumulada**, ou seja, quando os peixes ou outros seres aquáticos consomem o metilmercúrio, eles acumulam essa substância em seus órgãos e tecidos.

BIOACUMULAÇÃO

Além de ser uma substância que sofre **biomagnificação**, isso significa que ela se acumula progressivamente de um nível trófico (grupos de organismos que possuem hábitos alimentares semelhantes) para outro da cadeia alimentar. Dessa forma, predadores têm tendência a acumular mais mercúrio do que suas presas.

BIOMAGNIFICAÇÃO

Não se engane!! O mercúrio não é o único a causar impactos durante a extração do ouro, a demanda e cobiça desse minério levou para **Amazônia Legal**[7] empresas mineradoras que fazem uso de maquinários pesados como balsas, dragas, escavadeiras hidráulicas, entre outros equipamentos que degradam o meio ambiente e deixam um rastro de destruição e poluição dos rios.

O uso do mercúrio e de grandes maquinários na extração de ouro tem grande impacto para o meio ambiente, ocasionando a contaminação dos peixes, a morte dos rios, o desmatamento, a invasão de terras indígenas e, consequentemente, a destruição do ecossistema. Refletindo diretamente nos recursos naturais essenciais para a sobrevivência das comunidades indígenas e ribeirinhas que vivem na floresta, assolando essas populações com diversas doenças e a fome, por conta da escassez de alimentos. *Que não esperem ver a última árvore da Floresta ser derrubada para perceber que nem todo o ouro do mundo vai poder-lhes devolver a vida!*

---

[7] A Amazônia Legal corresponde à área dos estados da Região Norte (Acre, Amapá, Amazonas, Pará, Rondônia, Roraima e Tocantins), acrescidos do estado de Mato Grosso e dos municípios do estado do Maranhão situados a oeste do meridiano 44° (JÚNIOR; CONTINI; NAVARRO, 2011).

O ingrediente secreto de Matinta Perera: da cura ao embelezamento

Sobrevoando a Floresta Amazônica, minhas ancestrais identificaram a **árvore Andirobeira** (*Carapa guianensis Aubl.*) e ao coletarem suas sementes descobriram que era possível extrair um óleo, o óleo de andiroba, que tem diversas aplicações. O nome andiroba vem do Tupi-Guarani "Andi-roba", que significa "gosto amargo". Neste capítulo pretendo elucidar como realizo a extração do óleo de andiroba para depois revelar seus segredos microscópicos - *Tudo isso envolvendo muito conhecimento ancestral e ciência!*

O povo ancestral da Amazônia foi passando de geração em geração a adoção da andiroba para o tratamento do cabelo, de dores nas articulações, cicatrização de ferimentos, antimalárico e como repelente de insetos, entre outros.

As propriedades medicinais atribuídas ao óleo de andiroba pela medicina popular vem de encontro com pesquisas realizadas pela comunidade científica que identificaram suas atividades farmacológicas.

Diante desses estudos, a indústria farmacêutica passou a usar o **óleo de andiroba** como matéria-prima para elaboração de produtos medicinais como unguentos, pomadas e repelentes. E, claro, a indústria cosmética tem adotado a andiroba na fabricação de cremes, xampus, sabonetes, condicionadores, óleos de massagem entre outros. - *Poções que uso durante meus rituais de beleza.*

Vocês devem estar curiosos para saber o que tem por trás dessa feitiçaria chamada andiroba extraída de terras amazônicas, não é mesmo?! Confesso que eu também estava e, como cientista, tratei logo de desvendar esse conhecimento ancestral de meu povo. Inicialmente foi necessário extrair o óleo de andiroba para em seguida analisá-lo e assim compreender as suas propriedades químicas. - *Vem que vou contar tudinho o que eu descobri! Égua tu vais se apaixonar por esse aroma!!*

Para extrair o óleo de andiroba uso de métodos tradicionais ensinados pelas minhas ancestrais. O primeiro passo é coletar e selecionar as sementes de andiroba, para isso não preciso ir muito longe, pois perto da minha cabana há um andirobal.[8] No momento da coleta é necessário ter um cuidado para selecionar as sementes, pois elas não podem estar bichadas, com furos ou fungadas, pois prejudicaria diretamente o óleo extraído. Depois das sementes coletadas, eu passo elas por um processo de higienização, que consiste em lavá-las muito bem para retirar todo o barro e em seguida deixá-las de molho por ao menos 24 horas para matar as brocas (larva de madeira) que possam ainda ter e uniformizar a água - *Éguaa, que se não matar essas bixa elas comem toda a parte interna da semente, aí não tem como extrair óleo algum.*

---

[8] As andirobeiras não são encontradas em toda a floresta, somente em algumas áreas chamadas de andirobal (PINTO; LIRA-GUEDES; GUIMARÃES, 2019).

Após retirar do molho, eu as lavo novamente e faço uma seleção final para verificar se não sobrou nenhuma semente bichada. Depois da higienização eu às peso para ao final saber o quanto aquela quantidade de semente vai render de óleo de andiroba. Para os extratores, essa é uma etapa fundamental, pois permite negociar melhor o seu produto.

O segundo passo da extração do óleo de andiroba é o preparo da "massa do pão", para isso coloco as sementes a cozinhar em uma panela sobre o fogão a lenha, onde são fervidas até ficarem moles, esse processo pode variar de uma ou três horas. Depois de cozidas eu as levo para secar em um local coberto, limpo e arejado, por aproximadamente oito dias - *A quantidade de dias pode variar, alguns extratores deixam por quinze, trinta dias.*

Após as sementes secas, abro-as com o auxílio de uma faca e com uma colher vou retirando suas amêndoas e colocando em uma bacia. Em seguida amasso até obter uma massa homogênea. Com a massa pronta dou início à extração do óleo, que pode ser realizada de três formas: exposta ao sol, na sombra ou com o tipiti[9], optei por deixar exposta ao sol

---

[9] Prensa típica da Amazônia usada pelos indígenas e ribeirinhos da região, é feita de palha de forma cilíndrica, confeccionada para suportar extensão, possui uma abertura na parte superior com uma alça e está fechada na parte inferior com duas alças, ao ser estendida, a prensa diminui o seu volume e comprime o seu conteúdo (MENDONÇA; FERRAZ, 2007).

Moldei a massa em formato de um pão e a coloquei sobre um pedaço de alumínio inclinado, a fim de recolher o óleo liberado. É necessário amassar durante dez minutos antes de expor ao sol e ao longo do dia é preciso amassar por mais duas ou três vezes. Esse processo dura em média um mês até extrair todo o óleo. Com o passar do tempo, a massa vai escurecendo, ficando seca e esfarelenta, o que indica que o escorrimento do óleo está chegando ao fim.

O óleo de andiroba extraído apresenta uma coloração amarelo claro com bastante viscosidade. Para poder analisá-lo armazenei-o em um vidro cor âmbar e levei para o laboratório para descobrir mais sobre suas propriedades químicas. - *E já adianto que esse óleo é pai d'égua!*

Ao analisar a amostra de óleo de andiroba descobri que sua composição apresenta cinquenta por cento de **ácidos graxos**, entre os principais estão os ácidos: oléico, palmítico, ácido esteárico, linoléico. Também estão presentes os **ácidos insaponificáveis** (substâncias que não podem ser convertidas em sabão por meio de reações de saponificação) que representam de dois a cinco por cento da composição e contém diferentes terpenos chamados de limonóides, responsáveis pelo sabor amargo do óleo de andiroba.

> **Você sabe o que são ácidos graxos? Matinta explica.**
>
> Os ácidos graxos são ácidos carboxílicos (COOH) com cadeias de hidrocarbonetos (só contêm carbono (C) e hidrogênio (H)) podendo possuir de 4 a 36 carbonos. As cadeias carbônicas podem ser totalmente saturadas (não contêm ligações duplas) e não ramificadas. Também podem ser insaturadas (contêm uma ou mais ligações duplas).
>
> ácido graxo saturado   ácido graxo insaturado
>
> Esses ácidos pertencem a uma categoria de moléculas biológicas chamadas lipídios (gorduras), que geralmente são insolúveis em água, mas altamente solúveis em solventes orgânicos. Os ácidos graxos são classificados como saponificáveis, pois podem ser convertidos em sabão por meio do processo de saponificação.

O que os ácidos graxos e os limonóides têm a ver com as propriedades medicinais e cosméticas do óleo de andiroba? Vamos descobrir!

A partir das análises dos ácidos graxos e dos limonóides presentes no óleo de andiroba, identifiquei três moléculas que agem de forma efetiva no tratamento de ferimentos (cicatrização): o ácido linoléico ($C_{18}H_{32}O_2$) o ácido oleico ($C_{18}H_{34}O_2$) e a andirobina ($C_{32}H_{27}O_7$).

O ácido linoleico ($C_{32}H_{27}O_7$) é conhecido como **Ômega-6** e é classificado como um ácido graxo essencial,[10] com duas insaturações ao longo da sua cadeia carbônica.

Ácido linoleico

---

[10] Os ácidos graxos essenciais são aqueles que o corpo humano não pode sintetizar por conta própria e, portanto, devem ser obtidos através da alimentação. Os ácidos graxos não essenciais são aqueles que o corpo humano pode sintetizar a partir de outras fontes, como outros ácidos graxos. Ambos são importantes para o funcionamento do organismo (LIBERATO; OLIVEIRA, 2019)

O ácido oleico ($C_{18}H_{34}O_2$) é conhecido como **Ômega-9**, um ácido graxo não essencial monoinsaturado.

Ácido oleico

E a andirobina ($C_{32}H_{27}O_7$) é um limonóide, classificado como um **alcalóide**. Os limonóides são terpenos, compostos orgânicos estruturados em blocos de cinco carbonos, unidades de **isopreno** (C_5H_8)

Andirobina

Para entender como essas substâncias atuam sobre as feridas, necessitei estudar sobre como ocorre o processo de cicatrização em seres humanos. De forma sucinta, compreendi a **cicatrização** de feridas como um processo que envolve mecanismos celulares, moleculares e bioquímicos, visando a restauração da função e estruturas normais dos tecidos e se divide em três etapas básicas: inflamatória, proliferativa e maturação.

A fase **inflamatória** inicia imediatamente após a lesão, com a liberação de substâncias vasoconstritoras (responsáveis por diminuir o diâmetro dos vasos sanguíneos). Na fase **proliferativa** ocorre a formação do tecido de granulação onde as células se proliferam, substituindo o tecido danificado, aumentando a produção de colágeno e formando as cicatrizes. A fase de **maturação** é a última fase, sendo a mais demorada, podendo durar meses. A produção de colágeno passa a ser mais organizada, recuperando as características iniciais do tecido.

Em suma, para que ocorra uma boa cicatrização é necessário que a transição da fase inflamatória para a proliferativa seja eficiente. Para que isso aconteça, é preciso que o número de **neutrófilos** na ferida diminua - *Os neutrófilos são como os glóbulos brancos (leucócitos) que ajudam o organismo a combater infecções e a curar lesões, a presença prolongada de um grande número de neutrófilos na ferida pode atrasar o processo de cicatrização*

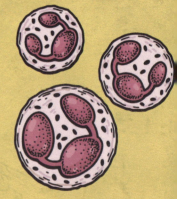

É necessário também que os **macrófagos**, células do sistema imunológico, passem por uma mudança no seu comportamento, transitando do modo fenótipo inflamatório em que atuam para eliminar patógenos, para o fenótipo reparador, onde passam a auxiliar no processo de cicatrização. Eles promovem a formação de novos vasos sanguíneos, a produção de colágeno e a eliminação de detritos, ajudando na regeneração dos tecidos. - *E são nessas etapas que os ácidos graxos e os limonóides podem ajudar.*

Os ácidos linoléico ($C_{18}H_{32}O_2$) e oleico ($C_{18}H_{34}O_2$) exercem importante papel como mediador **pró-inflamatório**, sinalizando para o sistema imunológico de que algo não está certo e que uma resposta inflamatória é necessária, ocasionando um aumento considerável da migração de leucócitos e macrófagos para a região lesada. No processo de cicatrização demonstram um controle sobre neutrófilos.

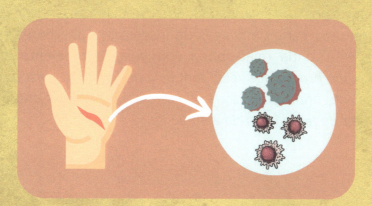

A andirobina ($C_{32}H_{27}O_7$) tem um efeito anti-inflamatório e antialérgico que inibe a ativação e migração de leucócitos, diminuindo a inflamação, o que pode ser benéfico em situações em que a inflamação é excessiva ou indesejada, ajudando a aliviar sintomas de dor, inchaço e vermelhidão.

Dentre os isolados do óleo de andiroba temos outros dois limonóides: a **gedunina** ($C_{28}H_{34}O_7$) e a **azadiractina** ($C_{35}H_{44}O_{16}$) e a elas também estão atreladas algumas propriedades medicinais.

Gedunina   **Azadiractina**

A azadiractina possui elevada atividade inseticida e tem sido usada para controle de uma série de pragas de insetos em diferentes culturas de plantas e está ainda relacionada com a ação repelente do óleo de andiroba. - *São produzidas velas com óleo de andiroba para serem usadas como repelente não tópico, com o intuito de combater o mosquito Aedes aegypti, vetor da febre amarela e da dengue.*

A gedunina apresenta efeito antiparasitário frente ao Plasmodium falciparum, um protozoário da espécie Plasmodium que causa a malária em humanos. A malária é transmitida pela picada do mosquito do gênero *Anopheles*, também conhecido como mosquito-prego - *Não é atoa que esse óleo é utilizado há muitos anos pela medicina tradicional, ele representa uma saída para muitas comunidades da região Amazônica, visto que até hoje estas têm seu direito básico à saúde negado, tendo dificuldades de acesso a outras formas de medicamentos e de tratamentos.*

Bem... Agora que já falamos das propriedades medicinais, vamos entender como esse óleo pai d' égua age nas poções de beleza!

O óleo de andiroba é empregado em diferentes produtos cosméticos, como cremes, loções, xampus, sabonetes, entre outros. - *E sabe o que faz ele ser tão versátil?* Acertou se pensou em sua baixa toxicidade e na biocompatibilidade com a pele, pois já imaginou passar um produto e ter que correr com uma intoxicação para o hospital? Não seria nada agradável!

Além disso, quando é o principal componente ativo nas formulações, o óleo de andiroba proporciona importantes propriedades aos produtos. Como a emoliência, que faz com que os produtos fiquem com uma textura fluida permitindo a fácil aplicação e espalhamento, além de dar características lubrificantes e permitir fácil absorção do produto, seja na pele ou nos cabelos.

Em produtos para tratamentos capilares, as substâncias presentes no óleo de andiroba responsáveis por deixarem os cabelos sedosos, macios e brilhantes, são os **ácidos graxos** - *No meu caso, as penas também se beneficiam dessas qualidades!*

Os ácidos graxos são classificados como lipídios (gorduras) que se caracterizam por serem apolares, característica que confere o condicionamento dos fios, por formarem uma película que aumenta a hidrofobicidade da fibra capilar, ou seja, ajuda a repelir a água.

Quando os fios de cabelo absorvem muita água, as cutículas se expandem e os fios acabam inchando, mudando a estrutura da queratina, a principal proteína que constitui os cabelos, deixando-os mais arrepiados (frizz). Os ácidos graxos presentes no óleo da andiroba, ao fazerem uma barreira hidrofóbica, protegem o fio da umidade do ambiente, ajudando no controle do frizz.

Por outro lado, em produtos cosméticos usados na pele, a ação é um trabalho conjunto de ácidos graxos e limonóides presentes no óleo de andiroba. Dos ácidos graxos, quem se destaca é o ácido linoléico ($C_{18}H_{32}O_2$) que está envolvido na manutenção da camada epidérmica por meio da reconstrução do manto lipídico. - *Os demais ácidos graxos presentes no óleo de andiroba também tem sua contribuição, é uma ação conjunta!.*

O manto lipídico é uma barreira protetora responsável por manter a integridade da pele; ajuda a prevenir a perda de água excessiva, evitando o ressecamento da pele e impede a entrada de agentes nocivos como microrganismos e poluentes que possam causar infecções. Já os limonóides, em conjunto ao ácido linoléico, fazem com que o uso do óleo de andiroba seja requisitado em formulações de cremes anti acnes, por serem substância com propriedades anti-inflamatórias e cicatrizantes. *Quantos segredos o óleo de andiroba esconde, não é mesmo?! Conhecer as propriedades e os benefícios dos seus componentes é o que permite produzir diferentes poções, sejam para fins medicinais ou para o nosso embelezamento!*

Além da Andiroba, a **Floresta Amazônica** possui em seu bioma uma infinidade de plantas e foi graças aos conhecimentos tradicionais difundidos por diferentes comunidades, que foi possível o desenvolvimento de produtos dos mais variados, desde a área medicinal até a cosmética. A conservação do bioma Amazônico é essencial, pois além de ser fundamental para o equilíbrio ambiental e climático da terra, apresenta toda uma biodiversidade que representa a manutenção e sobrevivência dos povos tradicionais,[11] sendo fonte de subsistência na alimentação e de renda, além de ser o recurso para cuidados básicos da saúde. *Para não acabar é preciso preservar!*

Se você for do **Pará** ou um dia tiver a oportunidade de conhecer esse estado, não esqueça de passar no mercado **Ver-o-Peso**[12] para conhecer as cheirosas - as mulheres erveiras de Belém do Pará, que conhecem como ninguém os saberes ancestrais... *E vai que a gente se esbarra, podemos tomar um cafézinho enquanto discutimos ciência, fit..fit,,fiett....!*

---

[11] Povos tradicionais ou comunidades tradicionais se referem a grupos culturalmente diferenciados e que se reconhecem como tais, que possuem formas próprias de organização social, que ocupam e usam territórios e recursos naturais como condição para sua reprodução cultural,social, religiosa, ancestral e econômica. Como exemplo temos: ribeirinhos; indígenas; sertanejos; caiçaras e quilombolas (ICMBio)

[12] O Mercado Ver-o-Peso é um mercado público, inaugurado em 1901. Está situado na cidade de Belém no estado do Pará no bairro da Campina, às margens da baía do Guajará, ao lado da Estação das Docas. É um dos mercados públicos mais antigos do País sendo considerado a maior feira livre da América Latina (IPHAN)

Por trás de toda bruxa há uma cientista.

Eu, **Matinta Perera,** na minha cabana em meio a Floresta Amazônica, cultivo ervas e manípulo ingredientes na companhia dos sons da natureza... Além dos pássaros a cantar e o rio a dançar, escuto também o borbulhar de meu caldeirão, onde estou preparando uma poção de cura, em banho-maria.

Meus pensamentos sempre vão para longe quando faço essa poção, lembro de minhas antepassadas, que apesar de não terem o devido reconhecimento, abriram caminhos para que me tornasse a bruxa que sou hoje, sempre me lembrarei!

Quem ocupa meus pensamentos é Maria, a Judia, uma alquimista que viveu no Egito, por volta do ano 273 a.C. Segundo alguns textos que abarcam a história da ciência, e que remetem ao período da alquimia, atribuem a ela a criação de um aparelho chamado de *Balneum Mariae*, considerado também uma técnica, que você deve conhecer como **Banho-Maria**.

O aparelho desenvolvido por Maria, a Judia, consistia em uma parede dupla, equipado com pés que poderia ser levado ao fogo. O recipiente externo era coberto de água e o material a ser aquecido deveria ser colocado na parte interna do aparelho. Assim, quando a água era aquecida, ocorria uma transferência de calor para o recipiente interno através da condução térmica. E, em seguida, o calor se transferia para a substância que estava dentro do recipiente interno, onde sua temperatura não excederia os 100° C, o ponto de ebulição da água.

O Banho-Maria ao longo do tempo foi sendo aperfeiçoado e se tornou um item básico nos laboratórios modernos de química, permitindo a realização de experimentos com maior precisão. Para além dos laboratórios, é uma técnica usada no preparo de receitas culinárias e também de poções, como eu Matinta Perera, continuo a usar. - *Para realizar a técnica é necessário colocar uma panela ou vasilha com o ingrediente sobre uma panela com água fervendo.*

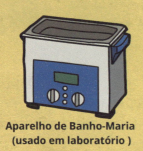

**Aparelho de Banho-Maria
(usado em laboratório)**

Técnica de Banho-Maria

Outros dois aparelhos são atribuidos como sendo invenções de Maria, a Judia, sendo eles o **Dibikos** e o **Tribikos,** hoje conhecidos como alambiques ou destiladores, que possuíam duas e três saídas para o destilado.

Dibikos

Tribikos

Maria, a Judia, é uma importante figura feminina, cheia de mistérios que perpassem a sua história, a ela são atribuídas invenções e técnica que persistem até a atualidade. As técnicas e aparatos desenvolvidos séculos atrás, por pessoas intituladas de alquimistas, foram fundamentais para o progresso do que hoje chamamos de química.
- *Éguaa, a ciência também tem suas figuras míticas!*

...

O cheiro da poção me faz voltar para a realidade. Está quase pronta. É uma mistura de diferentes plantas que cultivo no meu quintal. O cheiro que toma conta de minha cabana faz surgir um pensamento irônico: se estivesse vivendo há alguns séculos, no contexto da caça às bruxas, minha casa já teria sido invadida e eu estaria diante dos Tribunais da Inquisição, sendo acusada de me relacionar com demônio, pelo simples ato de manipular plantas. Da forma que muitas mulheres foram condenadas à morte!!!

Gostanza[13] foi uma dessas mulheres. Considerada uma curandeira profissional que viveu no século XVI em San Miniato, uma pequena cidade em Toscana - Itália, ficou conhecida na região pelos seus remédios terapêuticos. As substâncias usadas por ela incluíam óleos naturais e pós, também fazia uso de artefatos que segundo as crenças da época, eram capazes de curar e proteger por simpatia ou contato. Foi uma mulher muito popular, muitas pessoas a procuravam em busca da cura de suas enfermidades. Apesar de nunca querer inspirar medo a comunidade, não escapou da perseguição, foi julgada e morta acusada de praticar bruxaria.

Historicamente as bruxas eram as parteiras e curandeiras, mulheres que construíram pontes para o que chamamos hoje de ciência por meio do contato com diferentes plantas, como fazia Gostanza e como eu, Matinta Perera, continuo fazendo - *Sou descendente dos* **povos originários** *de* **Abya Yala**, *logo carrego os conhecimentos e saberes dos meus ancestrais.* Mas com a perseguição, essas mulheres e os povos originários foram desapropriadas do seus saberes empíricos, conhecimentos esses que haviam sido acumulados e passados de geração a geração.

---

[13] Gostanza é mencionada na obra Calibã e a Bruxa: mulheres, corpo e acumulação primitiva (2017) da autora Silvia Federici no capítulo 4, p.363.

Séculos se passaram desde o advento da racionalidade científica e desde então mulheres como Maria, a Judia e Gostanza vem contribuindo com o desenvolvimento da ciência. Foram responsáveis pela descoberta de elementos químicos, como **Harriet Brooks (1876-1933)** que descobriu o elemento químico Radônio (Rn) em conjunto com Rutherford (1871-1937).

Na cura de doenças, igual a **Alice Augusta Ball (1892-1916)**, que desenvolveu um óleo injetável, um método eficiente para a cura da Hanseníase.

Na elucidação da estrutura de moléculas, como o trabalho da pesquisa de **Rosalind Franklin (1920-1958)** que possibilitou a descoberta da estrutura do DNA.

Graças aos cálculos realizados por uma mulher e cientista, **Katherine Johnson (1918-2020),** a Apollo 11 aterrissou na lua em 1960. Katherine, calculou o momento em que o módulo lunar Eagle, pelo qual os astronautas desceriam na lua, deveriam abandonar o satélite para que sua trajetória fosse semelhante à órbita descrita pelo Columbia, acoplando-se a ele e, assim, pudesse retornar a terra.

Quantas Gostanza, Maria e Matinta foram pegas pela Inquisição? Quantas contribuíram para a ciência, mas que não tiveram suas pesquisas reconhecidas ou que foram apropriadas por homens ou que publicaram seus estudos por pseudônimos masculinos? *Por isso, hoje, eu, Matinta Perera, carrego comigo as bruxas da Europa a Abya Yala, pois elas representam o chamado da ancestralidade.*

As Heranças de Abya Yala: as contribuições ancestrais para desenvolvimento científico

Você já pensou em ser responsável por desenvolver diversas técnicas de transformações da matéria e ter o domínio de múltiplos conhecimentos, mas em vez do reconhecimento, ter seus saberes apropriados por outros povos como se fossem deles e ainda ser designado como selvagem e primitivo? Injusto, não é mesmo? Infelizmente foi isso que ocorreu com os povos indígenas depois da invasão dos europeus no Continente Americano - (América do Sul, América Central, América do Norte) - Nos livros de história, eles são chamados de descobridores ou colonizadores.

91

Os europeus com suas caravelas "civilizatórias" ao chegarem nos territórios aportavam em terras habitadas. Contudo, aos olhos dos invasores, esses habitantes eram selvagens, primitivos e exóticos. Dessa forma, a identidade brasileira e dos países da América foi sendo construída não fundamentada a partir de todos os indivíduos que os habitavam, como os povos originários e os escravizados trazidos do continente africano, mas sim a partir da perspectiva dos invasores europeus. Assim, forjou-se uma América construída a partir das ideias e de instituições ocidentais que se autodenominavam modernas e que excluía os povos originários. Ao mesmo tempo que os invasores europeus promoviam esse apagamento, eles se apropriavam desses conhecimentos ancestrais e os tratavam como seus.

Ao contrário do olhar do invasor, os povos originários de Abya Yala tinham uma gama de conhecimentos que foram fundamentais para o desenvolvimento da ciência e da tecnologia moderna. Sendo responsáveis por desenvolverem técnicas para a manipulação de plantas, seja para fins medicinais, para alimentação, para uso em rituais ou para produzir corantes usados para diferente fins; criaram processos próprios de fabricação de bebidas fermentadas, tal como a cerveja e o vinho; dominaram práticas de manipulação de substâncias venenosas como o curare e o timbó, usados para facilitar a pesca e a caça. Para além, desenvolveram métodos próprios para se orientarem no espaço, calcular, reconhecer e medir as formas do universo.

Muitas dessas técnicas são usadas por mim, Matinta Perera, seja para o preparo de poções ou quando estou no laboratório. Ficou curioso para saber que técnicas são essas? Vou lhe contar sobre umas delas... A manipulação da Mandioca - *Essa que não é uma prenda, mas poderia ser!*

Para sobreviver na floresta é fundamental desenvolver habilidades e conhecimentos sobre a manipulação de venenos, ainda mais quando eles estão presentes em plantas usadas para o nosso consumo, como é o caso da **Mandioca** - *Bom, eu chamo de Mandioca, mas em outras regiões ela possui diferentes nomes, como aipim, macaxeira, carim, e por aí vai..*

Conhecer a arte do desenvenenamento dessa planta é primordial. Eu conheci a técnica por meio de minha avó e de minha mãe e elas aprenderam com seus ancestrais, ou seja, é uma técnica passada de geração em geração que deu-se início pelos povos indígenas da Amazônia, usada até hoje por eles e pelas comunidades vizinhas. *Peraí, antes de te contar como acontece o desenvenenamento, preciso te explicar qual é o veneno presente nesta planta e que tem muita química envolvida nessa história.*

A mandioca (nome científico- *Manihot Esculenta*) é uma maleiteira, uma planta do gênero Euphorbia, da família das Euforbiáceas. A planta toda, desde suas raízes até suas folhas, contém um **glicosídeo** chamado de linamarina ($C_{10}H_{17}NO_6$), formada pela união de glicose (azul) e uma gliconina que nesse caso tem o nome de cianidrina (vermelho) ($C_6H_{11}O_5$ --- C_4H_6NO).

Quando a raiz ou as folhas da macaxeira passam por algum processo de transformação, como o corte, esmagamento ou trituração, a enzima linamarase é liberada e age sobre a molécula de linamarina ($C_6H_{11}O_5$ --- C_4H_6NO), rompendo a ligação química que libera uma molécula de glicose ($C_6H_{11}O_5$) e uma de cianidrina (C_4H_6NO).

A cianidrina, por sua vez, é formada pelo radical cianeto (CN^-) ligado a uma molécula de acetona (C_3H_6O). Durante o processamento da macaxeira a cianidrina formada é quase totalmente convertida em ácido cianídrico (HCN) ou cianeto livre (CN^-).

O **ácido cianídrico (HCN)** é um ácido fraco encontrado naturalmente tanto no estado líquido quanto no estado gasoso, seu ponto de ebulição é relativamente baixo cerca de 25,6 °C. Possui um odor semelhante ao de amêndoas amargas, é solúvel em água, álcoois e éteres.

$$H - C \equiv N:$$

O HCN é particularmente perigoso pelos seus efeitos tóxicos/asfixiantes, ele se combina com as enzimas no tecido associadas à oxidação celular, tornando o oxigênio indisponível para os tecidos e causando a morte por asfixia.

Você sabe o que é um glicosídeo e uma enzima? Matinta explica!

- *Glicosídeos* são compostos orgânicos formados por uma molécula de glicona/glicose (açúcar) e uma molécula de aglicona/genina (parte da molécula que não é um açúcar).

- *Enzimas* são proteínas que atuam como catalisadores biológicos, acelerando reações metabólicas que acontecem nas células.

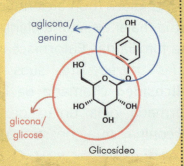

Glicosídeo

As concentrações de cianeto oscilam nas variedades da planta. A mandioca-brava possui uma concentração maior que a mandioca-doce, contudo, mesmo a mandioca-brava possuindo uma quantidade maior de cianeto, é o alimento preferido das **populações indígenas sul-americanas**, pois tem um rendimento maior. Estima-se que concentrações de 30 mg a 150 mg de CN-/Kg de peso fresco da raiz podem causar intoxicação. Sendo que a ingestão de 200 a 500 gramas de tubérculo fresco poderia levar a óbito.

Se ela é tão perigosa, como se tornou um alimento básico tanto de grupos indígenas sul-americanos como de milhões de pessoas nos trópicos? A esse feito incrível podemos agradecer aos **povos indígenas** amazônicos. Foram eles que desenvolveram técnicas para transformar um tubérculo altamente tóxico em vários produtos sem risco algum quando consumidos.

Despertou curiosidade? Então pegue seu caderninho de anotações e siga minha explicação, que ainda tem muita química para rolar!!

Todo o processo, desde o plantio à colheita das raízes da mandioca, tal qual seu transporte à aldeia em grandes e pesados cestos até o processo de desenvenenamento, são tarefas inteiramente realizadas pelas mulheres da aldeia.

O primeiro passo para realizar o desenvenenamento é colocar a raiz da planta em água armazenada ou em um igarapé, até começar uma leve fermentação ácida. Nessa etapa os microorganismos atacam as paredes dos vacúolos das células onde se encontra o glicosídeo linamarina ($C_{10}H_{17}NO_6$).

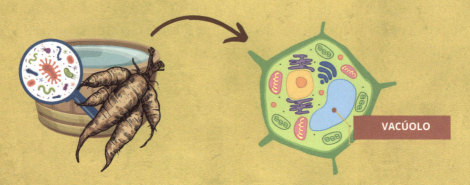

Os microorganismos fazem com que a enzima linamarase entre contato com glicosídeo e rompa a ligação, liberando a cianidrina (C_4H_6NO) que permitirá que o ácido cianídrico (HCN) seja formado. Consequentemente, o valor do **pH** diminui e o equilíbrio da reação é deslocado na direção do ácido cianídrico (HCN), que será facilmente removido do líquido.

$$CN^-\ (aq)\ +\ H_3O^+\ (aq)\ \rightleftharpoons\ HCN\ (aq) + H_2O\ (l)$$

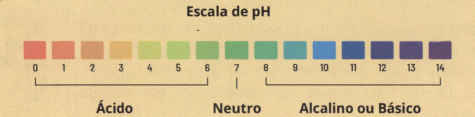

Em química, para se determinar a acidez de uma substância usa-se a escala de pH, que varia de 0 à 14. Substâncias com o valor de pH = 7 são classifcadas como neutras, se o valor estiver acima de 7 essas são básicas ou alcalinas e abaixo de 7 são substâncias ácidas.

O segundo passo é descascar a raiz da mandioca brava, pois há uma concentração elevada de linamarina presente nelas. Para o meu povo, a casca da mandioca é chamada de capote. Após descascadas, as mandiocas são levadas até os raladores, que consistem em uma tábua grande, que possuem pedrinhas pontudas ou lascas de madeira, para produzir atrito e assim as raízes são transformadas em uma massa triturada e úmida.

A massa triturada é levada até uma prensa chamada **tipiti**, uma invenção indígena que na língua tupi significa "cesto para espremer água", que foi descrito em 1587 por Gabriel Soares de Sousa no Tratado Descritivo do Brasil - *Quando disse que era uma técnica passada de geração em geração, não estava brincando!*

Após o prensamento no tipiti obtém-se um líquido residual chamado de manipueira que é tóxico. A Manipueira é constituída pelo amido (goma de mandioca) e o **tucupi** - um líquido de cor amarela parcialmente fermentado, que é separado do amido por meio da decantação que acontece entre 1 e 2 dias.

O tucupi é muito empregado na culinária dos estados pertencentes à **Amazônia Brasileira**. Contudo, por conter ácido cianídrico (HCN), ele é exposto ao sol por alguns dias, até fermentar. Como o (HCN) possui uma temperatura de ebulição baixa, se a temperatura ambiente estiver acima de 26°C permite que ocorra a evaporação, mesmo que lenta. O processo pode ser acelerado aquecendo o líquido até sua fervura. - *Daqui eu já corro para preparar um tacacá, chega dar uma fraqueza só de pensar! No Norte quando falamos fraqueza queremos dizer que dá uma suadeira....*

A massa da mandioca que foi prensada no tipiti é peneirada e na sequência é levada para o forno, que se assemelha a uma grande frigideira, para secar. O aquecimento faz com que o restante de cianeto/ácido cianídrico seja evaporado.- *Essa etapa é importante fazer em ambiente aberto para não acumular o gás cianeto e correr risco a intoxicação, no laboratório quando necessito manipular substâncias voláteis, eu utilizo a capela de exaustão.* - A farinha obtida pode ser conservada durante meses e quando consumida deve ser tostada. Também é possível obter o amido da mandioca, para isso é só deixar o sumo que resta da massa da mandioca parado até que o tucupi tenha se separado da goma, por meio da decantação.

E não pense que para por aí!! As folhas da planta da mandiocas também podem ser aproveitadas para cozinhar a feijoada indigena, a maniçoba - *égua da comida gostosa, uma das minhas comidas favoritas.* - É um processo demorado, as folhas depois de moídas precisam ser cozidas durante uma semana, quase ininterruptamente, tudo para eliminar o cianeto. Viu? Meus antepassados dominavam técnicas e conhecimentos, que hoje me ajudam no meu dia a dia no laboratório. *Quanta ciência é necessária para poder comer uma tapioquinha sem precisar correr para o pronto socorro asfixiado com ácido cianídrico?!*

O desenvenenamento da mandioca é um dos exemplos da transformação de substâncias que envolve diferentes processos bioquímicos realizados pelos indígenas sul-americanos que eram desconhecidos na Europa. Isso nos mostra que a transformação da matéria, que consiste na manipulação de diferentes substâncias, não se dá apenas nas bancadas de um laboratório com pessoas de jaleco e equipamentos sofisticados. Muitas descobertas e inventividades foram realizadas com o pé descalço direto na terra escutando o coração da floresta por povos que possuíam um acurado conhecimento em distintas áreas e que contribuíram com invenções das quais, até hoje, milhões de pessoas se beneficiam no mundo ocidental. As contribuições dos povos indígenas de Abya Yala foram fundamentais para o desenvolvimento de áreas como a farmacêutica, a medicina e a química moderna, bem como a agricultura e a culinária.

AQUI ME DESPEÇO.....

Meus caros leitores, foi uma aventura e tanto até aqui!! Desejo que vocês tenham aproveitado essa "viagem" assim como eu, Matinta Perera!! Desejo que ao ouvir o canto de uma coruja suindara lembre-se que o som dela não significa mau presságio!! É só a física agindo. Quando for se beneficiar de diferentes produtos feitos a partir da mandioca, tenha claro que isso só foi possível devido às técnicas e conhecimentos dos povos indígenas. Não se esqueça que a química está presente desde o cafezinho até a transmutação do ouro e exerce papel importante no óleo de andiroba e que a biologia ajuda a explicar a metamorfose dos animais e a minha anatomia como suindara!!

Por fim, o mais importante, desejo que você tenha compreendido que a ciência não se constitui apenas dos saberes advindos do continente Europeu como muitas vezes é ensinado, pois muitos dos conhecimentos que temos hoje na ciência só foram possíveis graças aos conhecimentos dos povos de Abya Yala e também de povos oriundos do continente Africano!!

Foi um prazer compartilhar com vocês todas as nuances que envolvem o meu mito por uma perspectiva científica e, principalmente, fazê-los entender mais sobre meus ancestrais que fizeram eu ser a feiticeira e cientista que sou!! Se me ouvirem por aí, não esqueçam de oferecer um cafézinho!!

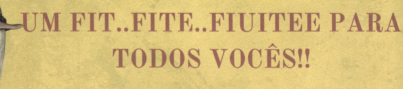

UM FIT..FITE..FIUITEE PARA TODOS VOCÊS!!

CRÉDITO DAS IMAGENS

Duas das ilustrações presente neste livro foram elaboradas pela ilustradora **Luísa Souza Vietri,** Figuras 1 e 2, as quais homenageiam a Professora Fabiana Schmitt Corrêa e a Intérprete de Libras Aline Vanessa Poltronieri Gessner, respectivamente. A ilustrações referente a capa, vista na Figura 3, a contracapa Figura 4, o processo de metamorfose Figura 5, os destiladores dibikos Figura 6 e tribikos Figura 7, foram criadas pela ilustradora **Isadora de Oliveira Freitas**. As demais imagens foram retiradas ou montadas usando os recuros disponibilizados pela plataforma Canva, na versão pró (paga).

Figura 1 -
Fabiana Schmitt Corrêa

Figura 2-
Aline Vanessa Poltronieri Gessner

Figura 3- Capa

Figura 4- Contracapa

Figura 5- Metamorfose da Matinta Perera

Figura 6- Destilador dibikos

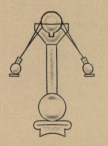

Figura 7- Destilador tribikos

BIBLIOGRÁFIA

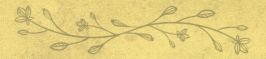

Introdução

CARVALHO, Nazaré Cristina. Caleidoscópio do Imaginário Ribeirinho Amazônico. **Instrumento: R. Est. Pesq**. Educ, Juiz de Fora, v. 16, n. 2, p. 221-230, jun/dez. 2014.

CASCUDO, Luís da Câmara. **Geografia dos mitos brasileiros**. 1 ed. São Paulo: Global, 2012. 382 p. Recurso digital.

CASCUDO, Luís da Câmara. **Dicionário do Folclore Brasileiro**, Rio de Janeiro.

CRUZ, Nathália da Costa. **As mitopoéticas na obra de Paulo Nunes**: ensaio sobre literatura e educação na amazônia. 2013. 113 f. Dissertação (Mestrado) - Curso de Programa de Pós-Graduação em Educação, Centro de Ciências Sociais e Educação, Universidade do Estado do Pará, Belém, 2013.

FARES, Josebel Akel. **IMAGENS DA MITOPOÉTICA AMAZÔNICA**: um memorial das matintas pereras. 1997. 181 f. Dissertação (Mestrado) - Curso de Letras, Centro de Letras e Artes, Universidade Federal do Pará, Belém, 1997.

FARES, J. A. Imagens da matinta perera em contexto amazônico. **Revista Boitatá**. Revista do GT de Literatura Oral e Popular da Associação Nacional de Pesquisa e Pós-Graduação em Letras e Linguística (ANPOLL). Londrina, v. 03, p. 01-17, 2007

RAMOS, Andressa de Jesus Araújo. Matintaperera: de bruxa medieval e feiticeira amazônica à jovem que gostava de luxar. **Web Revista Linguagem, Educação e Memória**, [s. l], v. 18, n. 18, p. 3-17, 2020.

SILVA JÚNIOR, F. A. **Representação feminina no mito da Matintaperera em Taperaçu Campo**, Bragança (PA). 2014. 180f. Dissertação (Mestrado) - Curso de E Pós-Graduação em Linguagens e Saberes na Amazônia, Universidade Federal do Pará, Bragança, 2014.

SILVA JUNIOR, Fernando Alves; SIMÕES, Maria do Perpétuo Socorro Galvão. O imaginário e representação feminina na narrativa mítica da Matintapereira. ArcaPará- Bragança PA. **Revista Boitatá**. Revista do GT de Literatura Oral e Popular da Anpoll: Boitatá, Londrina, n. 15, p. 181-196, jan-jun 2013.

SILVA JUNIOR, Fernando Alves da. O mito da Matinta Perera de Taperaçu Campo e o conceito de dádiva: aproximando-se de um conceito antropológico. **Rev. Antropol. (Online)**, [S.L], p. 484-502, 29 jul. 20

SILVA, Fabiana Ferreira da; RIBEIRO, Paula Regina Costa. A PARTICIPAÇÃO DAS MULHERES NA CIÊNCIA: Problematizações sobre as diferenças de gênero. **Revista Labrys Estudos Feministas**, [s. l], n. 10, p. 1-25, dez. 2011.

Muito prazer, sou Matinta Perera.
Minha origem e ancestralidade

FARES, Josebel Akel. **IMAGENS DA MITOPOÉTICA AMAZÔNICA**: um memorial das matintas pereras. 1997. 181 f. Dissertação (Mestrado) - Curso de Letras, Centro de Letras e Artes, Universidade Federal do Pará, Belém, 1997.

FEDERICI, Silvia. **Calibã e a Bruxa**: mulheres, corpo e acumulação primitiva. São Paulo: Elefante, 2017. 464 p. Tradução: Coletivo Sycorax. Título original: Caliban and the Witch: Women, the body, and Primitive Accumulation. Autonomedia, 2004.

GONÇALVES, Bruno Galeano de Oliveira, XXVI SIMPÓSIO NACIONAL DE HISTÓRIA. **O MAL DA BRUXARIA**. São Paulo, 2011. 17 p. Disponível em: http://www.snh2011.anpuh.org/resources/anais/14/1299637317_ARQUIVO_2011-XXVIANPUH-Artigo-Omaldabruxaria.pdf. Acesso em: 01 jul. 2023.

GONÇALVES, Carlos Walter Porto-. Entre América e Abya Yala: tensões de territorialidades. **Desenvolvimento e Meio Ambiente**, [S.L], n. 20, p. 25-30, dez. 2009. Editora UFPR. Disponível em: https://revistas.ufpr.br/made/article/view/16231. Acesso em: 04 jul. 2023.

LACERDA, Ariadne Fernandez. **A presença feminina na história da ciência**: a construção e demonização das bruxas na Europa medieval. 2017. 75 f. TCC (Graduação) - Curso de Química Industrial, Universidade Federal de Uberlândia, Uberlândia, 2017.

MARTINS, Rafaela Werneck Arenari; CAMPOS, Mauro Macedo. Bruxas e seus saberes ancestrais: um olhar a partir das perspectivas feministas decoloniais. Revista Tomo, [S.L], v. 42, p. 1-16, 10 jan. 2023. **Revista TOMO.** http://dx.doi.org/10.21669/tomo.v42i. Disponível em: https://periodicos.ufs.br/tomo/article/download/17612/13536/. Acesso em: 26 jun. 2023.

MARTINS, Rafaela Werneck Arenari; CLARINDO, Adriely de Oliveira; CAMPOS, Mauro Macedo. Bruxas, curandeiras e benzedeiras: existências e resistências. **Mosaico**, [S.L], v. 15, n. 23, p. 201-225, 3 maio 2023. Fundação Getulio Vargas.

MESSIAS, Maria Cláudia Novas. **Incantatrix tropical**: bruxaria e resistência feminina no Brasil colonial. 2021. 321 f. Tese (Doutorado) - Curso de Pós-Graduação em Psicologia Social, Universidade do Estado do Rio de Janeiro, Rio de Janeiro, 2021.

NDLOVU, Morgan. Por que saberes indígenas no século XXI? Uma guinada decolonial. **Epistemologias do Sul,** Foz do Iguaçu/PR, nº1, 2017, p. 127 144.

REVISTA ABYA YALA. Brasília: Universidade de Brasília. Departamento de Estudos Latino-Americanos, v. 6, n. 2, 2022. Semestral. Revista Sobre Acesso à Justiça e Direitos nas Américas. (ISSN 2526-6675) Disponível em: https://periodicos.unb.br/index.php/abya/issue/view/2588/793. Acesso em: 04 jul. 2023.

SANTOS, Nathalia Lima dos. **"Queimem a bruxa!"**: o controle de corpos e sexualidades da caça às bruxas à "ideologia de gênero". 2021. 212 f. Dissertação (Mestrado) - Curso de Relações Internacionais, Pontifícia Universidade Católica do Rio de Janeiro (Puc-Rio), Rio de Janeiro, 2021. Disponível em: https://www.maxwell.vrac.puc-rio.br/55285/55285.PDF. Acesso em: 01 jul. 2023.

Metamorfose: a Matinta virou pássaro.

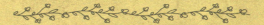

ALMEIDA, Rayssa Cecilia Ribeiro de. **A CORUJA SUINDARA (Tyto furcata) E SEUS ESTIGMAS**. 2022. 30 f. TCC (Graduação) - Curso de Zootecnia, Universidade Federal Rural da Amazônia, Belém, 2022. Disponível em: http://bdta.ufra.edu.br/jspui/bitstream/123456789/2308/1/A%20CORUJA%20SUINDARA%20%28TYTO%20FURCATA%29%20E%20SEUS%20ESTIGMAS.pdf. Acesso em: 31 jul. 2023.

BONASSA, Ana Claúdia Munhoz; FREITAS, Laura Marise de; ARAÚJO, Renan Vinicius de. **Super - Heróis da ciência**: 52 brasileiros e suas pesquisas transformadoras. Rio de Janeiro: Harperkids, 2021. 160 p.

CORDEIRO, Thamires Luana. **CONTRIBUIÇÕES DA HISTÓRIA DE VIDA DA CIENTISTA BRASILEIRA BERTHA LUTZ PARA O ENSINO DE CIÊNCIAS**. 2022. 205 f. Dissertação (Mestrado) - Curso de Pós-Graduação em Educação em Ciências: Química da Vida e Saúde, Universidade Federal de Santa Maria, Santa Maria, 2022. Disponível em: https://repositorio.ufsm.br/bitstream/handle/1/24440/DIS_PPGQVS_2022_CORDEIRO_THAMIRES.pdf?sequence=1&isAllowed=y. Acesso em: 03 nov. 2023.

ELIAS NETO, Moysés. A metamorfose dos insetos e seus mistérios. **Genética na Escola**, [S.L.], v. 5, n. 1, p. 34-38, 29 jun. 2010. Sociedade Brasileira de Genética. http://dx.doi.org/10.55838/1980-3540.ge.2010.88

ETEROVICK, Paula Cabral; SOUZA, Adriano Marques de; SAZIMA, Ivan. **Anfíbios anuros da Serra do Cipó**, Minas Gerais – Brasil. Belo Horizonte: 2020. 292 p.

GARCIA, Paulo. Anfíbios. **Siaram**, [S.L], p. 1-2, abr. 2013. Direção Regional do Ambiente. Disponível em: http://siaram.azores.gov.pt/fauna/anfibios/Anfibios.pdf. Acesso em: 02 nov. 2023

GASPAROTTO, Odival Cezar et al. **Fisiologia Animal Comparada**. Florianópolis: Biologia/Ead/Ufsc, 2011. 238 p. Ministério da Educação. Licenciatura em Ciências Biológicas na Modalidade a Distância do Centro de Ciências Biológicas da UFSC.

GILBERT, Scott F.. **Biologia do desenvolvimento**. 5. ed. Ribeirão Preto: Funpec Editora, 2003. 994 p.

GULLAN, P.J.; CRANSTON, P.s.. **Insetos: fundamentos da entomologia**. 5. ed. Rio de Janeiro: Roca, 2017. 912 p. Tradução e Revisão Técnica: Eduardo da Silva Alves dos Santos, Sonia Maria Marques Hoenen.

LIBERATO, Maria da Conceição Tavares Cavalcanti; OLIVEIRA, Micheline Soares Costa. **Bioquímica**. 2. ed. Fortaleza: Editora da Universidade Estadual do Ceará, 2019. 205 p

NELSON, D. L; COX, M. M. **Princípios de bioquímica**. 6ª ed. Artmed, 2014.1250p

SANTOS, Carlos Alberto Batista Santos Alberto Batista; FLORÊNCIO, Roberto Remígio. BREVE HISTÓRICO DAS RELAÇÕES HOMEM-AMBIENTE PRESENTES NA ENTOMOFAGIA E ENTOMOTERAPIA. **Polêmica**, [S.L], v. 12, n. 4, p. 786-798, 22 dez. 2013. DOI: https://doi.org/10.12957/polemica.2013.8648.

SANTOS, Nathali Germano dos. **A CONTRIBUIÇÃO DOS POVOS INDÍGENAS PARA O FORTALECIMENTO DA RECUPERAÇÃO DA VEGETAÇÃO NATIVA NO BRASIL**. 2020. 38 f. TCC (Graduação) - Curso de Gestão de Políticas Ambientais, Escola Nacional de Administração Pública, Brasília, 2020. Disponível em: https://repositorio.enap.gov.br/bitstream/1/5601/1/Nathali%20Germano.pdf. Acesso em: 03 nov. 2023.

SILVA, Thiago Venícius Da. **Etnoentomologia: percepção dos alunos do ensino fundamental sobre os insetos e suas importâncias.** Anais V CONEDU... Campina Grande: Realize Editora, 2018. Disponível em: https://editorarealize.com.br/artigo/visualizar/47366. Acesso em: 03/11/2023.

SOUZA, Maria Izabel Siciliano de; ABDALA-MENDES, Marta Ferreira. A formação científica e profissional das mulheres no Brasil: a contribuição de Bertha Lutz. **História da Ciência e Ensino**: construindo interfaces, [S.L.], v. 18, p. 22-46, 5 out. 2018. Pontifical Catholic University of São Paulo (PUC-SP). http://dx.doi.org/10.23925/2178-2911.2018v18i1p22-46.

VIEIRA, Vanessa Aparecida Rocha Oliveira. REGULAÇÃO GÊNICA DOS RECEPTORES DOS HORMÔNIOS TIREOIDEANOS DURANTE A METAMORFOSE DE ANFÍBIOS ANUROS. **Revista da Biologia**, [S.L], v. 4, n. p. 16-21, 2010

Qual a frequência do assovio de Matinta Perera?

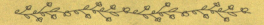

ALMEIDA, Rayssa Cecilia Ribeiro de. **A CORUJA SUINDARA (Tyto furcata) E SEUS ESTIGMAS**. 2022. 30 f. TCC (Graduação) - Curso de Zootecnia, Universidade Federal Rural da Amazônia, Belém, 2022. Disponível em: http://bdta.ufra.edu.br/jspui/bitstream/123456789/2308/1/A%20CORUJA%20SUINDARA%20%28TYTO%20FURCATA%29%20E%20SEUS%20ESTIGMAS.pdf. Acesso em: 31 jul. 2023.

DONOSO, José Pedro. **Som e Acústica**: primeira parte: ondas sonoras. [S.l], 18 slides, color. Universidade de São Paulo - Instituto de Física de São Carlos - IFSC. Disponível em: https://www.ifsc.usp.br/~donoso/fisica_arquitetura/12_som_acustica_1.pdf. Acesso em: 01 ago. 2023

LIMA, A.A ; MORAES, I.A. **A vocalização nas aves**. Webvideoquest de fisiologia veterinária. 2016. Disponível em: http://webvideoquest.uff.br/a-vocalizacao-nas-aves/ Acesso em: 02 ago. 2023.

LIMA, A.A; MORAES, I.A. **A vocalização nos mamíferos**. Webvideoquest de fisiologia veterinária. 2017. Disponível em: http://webvideoquest.uff.br/2176-2/ Acesso em: 02 ago. 2023.

LOPES, Patrícia de Almeida Ferreira. **A singular sonoridade de Matita Perê construída por meio da parceria de Tom Jobim e Claus Ogerman**. 2017. 288f. Tese (Doutorado em Processos de Criação Musical) - Escola de Comunicações e Artes, Universidade de São Paulo, São Paulo, 2017. doi:10.11606/T.27.2017.tde-07072017-153615. Acesso em: 2023-09-05

MONTEIRO, Vanessa. **Rasga Mortalha**: espécie de coruja ainda é vítima de preconceito popular. 2021. Disponível em: https://novo.ufra.edu.br/index.php?option=com_content&view=article&id=3018:rasga-mortalha-especie-de-coruja-ainda-e-vitima-de-preconceito-popular&catid=17&Itemid=121. Acesso em: 24 jul. 2023.

Mundo Ecologia (org.). **O que é e qual a função da siringe? Pra que ela serve?** 2019. Disponível em: https://www.mundoecologia.com.br/animais/o-que-e-e-qual-a-funcao-da-siringe-pra-que-ela-serve/. Acesso em: 01 ago. 2023

NUSSENZVEIG, H. Moysés. **Curso de Física Básica 2**: fluidos, oscilações e ondas calor. 5. ed. São Paulo: Blucher, 2014. 376 p.

RAPOSO, Marcos A. et al. ANATOMIA DA SIRINGE DOS DENDROCOLAPTIDAE (AVES, PASSERIFORMES). **Arquivos do Museu Nacional**, Rio de Janeiro, v. 64, n. 2, p. 181-191, jun. 2006.

Relatório The World Report on Hearing (WRH). https://www.who.int/publications/i/item/world-report-on-hearing. Organização Mundial de Saúde (WHO, sigla em inglês). Publicado em 3 de março de 2021. Acesso em 03 abr.2023.

RUI, Laura Rita; STEFFANI, Maria Helena. **Física: som e audição humana**. [s. l], p. 1-6. Disponível em: https://lume.ufrgs.br/bitstream/handle/10183/30450/000675255.pdf. Acesso em: 31 jul. 2023.

SANTANA, Guilherme. Ondas sonoras. **Todo Estudo**. Disponível em: https://www.todoestudo.com.br/fisica/ondas-sonoras. Acesso em: 02.ago.2023.

SILVA, Maria Luisa da; VIELLIARD, Jacques. **A aprendizagem vocal em aves: evidências comportamentais e neurobiológicas.** [s. l], p. 1-24, Disponível em: https://ppgnc.propesp.ufpa.br/Editais%20Mestrado%20PPGNC/2023/A_aprendizagem_vocal_em_aves_evidencias.pdf. Acesso em: 31 jul. 2023.

TOLENTINO, Vitor Carneiro de Magalhães. **Repertório Vocal e Variações no Canto de Aves em Diferentes Áreas Florestais no Cerrado Sensu Lato.** 2015. 62 f. Dissertação (Mestrado) - Curso de Programa de Pós-Graduação em Ecologia e Conservação e Recursos Naturais, Universidade Federal de Uberlândia, Uberlândia, 2015.

Universidade Estadual Paulista (UNESP). **Como as aves cantam?** Biologia Geral das Aves. Disponível em: https://www2.ibb.unesp.br/Museu_Escola/Ensino_Fundamental/Animais_JD_Botanico/aves/aves_biologia_geral_canto.htm. Acesso em: 01 ago. 2023.

VICENTINI, Arthur. **Qual a função da laringe e quais as doenças relacionadas a ela?** 2021. Disponível em: https://arthurvicentini.com.br/qual-a-funcao-da-laringe-e-quais-as-doencas-relacionadas-a-ela/#:~:text=A%20laringe%20%C3%A9%20um%20%C3%B3rg%C3%A3o%20em%20forma%20de%20cone%20que,inferiores%2C%20causando%20infec%C3%A7%C3%B5es%20nos%20pulm%C3%B5es. Acesso em: 01 ago. 2023.

YOUNG, Hugh D; A FREEDMAN, Roger. **Sears e Zemansky**: Física II, Termodinâmica e Ondas. 12. ed. São Paulo: Addison Wesley, 2008. 342 p. Tradução: Claudia Santana Martins.

Lá vem a Matinta buscar sua prenda.

ARAÚJO, Alberto José; FERNANDES, Frederico Leon Arrabal. **Contexto Histórico do Consumo de Tabaco no Mundo**. [S.l] 26 p. Capítulo 1.

BENJAMIM, Cicera Josilânia Rodrigues; COELHO, José Leonardo Gomes; FEITOSA, Raimunda Aureniza; SANTANA, Willma José de. Ação da Cafeína no Sistema Nervoso Central e na Variabilidade da Frequência Cardíaca / Caffeine Action in the Central Nervous System and in Heart Rate Variability. I**d On Line. Revista de Psicologia,** [S.L.], v. 15, n. 54, p. 405-409, 28 fev. 2021. Lepidus Tecnologia. Disponível em: https://idonline.emnuvens.com.br/id/article/viewFile/2985/4663#:~:text=A%20forma%20que%20a%20cafe%C3%ADna,BENJAMIM%20et%20al%2C%202019.Acesso em: 08 ago. 2023.

BRUICE, Paula Yurkanis. **Organic Chemistry**. 3. ed. [S.l]: Prentice Hall, 2001. 1247 p

CARVALHO, Alcides. HISTÓRICO DO DESENVOLVIMENTO DO CULTIVO DO CAFÉ NO BRASIL. Campinas: Instituto Agronômico, 2007. 8 p. Disponível em: https://www.iac.sp.gov.br/publicacoes/arquivos/iacdoc34.pdf. Acesso em: 06 ago. 2023.

COUTEUR, Penny Le BURRESON, Jay. **Os botões de Napoleão:** as 17 moléculas que mudaram a história. Rio de Janeiro: Zahar, 2006. Tradução: Maria Luiza X de A. Borges Revisão técnica: Samira G.M. Portugal.

ENGEL, Randall G. et al. **Química Orgânica Experimental**: técnicas de escala pequena. 3. ed. São Paulo: Cengage Learning, 2012. 1010 p. Tradução: Solange Aparecida Visconti.

FERNANDES, Gislaine. **Extração e Purificação da cafeína da casca do café**. 2007. 126 f. Dissertação (Mestrado) - Curso de Curso de Pós-Graduação em Engenharia Química, Universidade Federal de Uberlândia, Uberlândia, 2007

FRANCISQUINI, Júlia D'Almeida; MARTINS, Evandro; SILVA, Paulo Henrique Fonseca; SCHUCK, Pierre; PERRONE, Ítalo Tuler; CARVALHO, Antônio Fernandes. REAÇÃO DE MAILLARD: uma revisão. **Revista do Instituto de Laticínios Cândido Tostes,** [S.L.], v. 72, n. 1, p. 48-57, 21 nov. 2017. Lepidus Tecnologia. Disponível em: https://www.researchgate.net/publication/321205007_REACAO_DE_MAILLARD_UMA_REVISAO. Acesso em: 10 ago. 2023.

HALAL, Shanise Lisie Mello El. **COMPOSIÇÃO, PROCESSAMENTO E QUALIDADE DO CAFÉ**. 47 f. Trabalho acadêmico (Graduação) - Curso de Bacharelado em Química de Alimentos, Universidade Federal de Pelotas, Pelotas, 2008. Disponível em: https://blog.ucoffee.com.br/ucoffee_blog/wp-content/uploads/2018/06/cafeina-e-quimica-do-cafe.pdf. Acesso em: 06 ago. 2023

MARTINS, Stella Regina. Nicotina: o que sabemos? **ACT Promoção da Saúde**, [S.l], p. 1-49, Nota técnica sobre nicotina. Disponível em: https://actbr.org.br/uploads/arquivos/ACT-Nicotina-NotaTecnica-%284%29.pdf. Acesso em: 10 ago. 2023

RUFINO, José Luís dos Santos. **Programa Nacional de Pesquisa e Desenvolvimento do Café**: antecedentes, criação e evolução. Brasília: Embrapa Informação Tecnológica, 2006. 348p.Disponívelem:http://www.sapc.embrapa.br/arquivos/consorcio/publicacoes_tecnicas/Livro_Rufino_PNP&D_Cafe.pdf. Acesso em: 06 ago. 2023.

SANTOS, Christian Fausto Moraes dos; BRACHT, Fabiano; CONCEIÇÃO, Gisele Cristina da. Esta que "é uma das delícias, e mimos desta terra...": o uso indígena do tabaco (n. rustica e n. tabacum) nos relatos de cronistas, viajantes e filósofos naturais dos séculos XVI e XVII **Topoi**, [s. l], v. 14, n. 26, p. 119-131, jul. 2013. Disponível em: https://www.scielo.br/j/topoi/a/ZMwxrLh4ZJwCyjXKdBVkQmj/?format=pdf&lang=pt. Acesso em: 12 ago. 2023.

SILVA, T. T. et al. Metodologias de extração de cafeína a partir de vegetais e viabilidade técnica de descafeinação. In: congresso brasileiro de sistemas particulados, 38., 2017, Maringá. **Anais [...]**. Maringá: Enemp, 2017. p. 1-8. Disponível em: https://repositorio.uniube.br/bitstream/123456789/508/1/METODOLOGIAS%20DE%20EXTRACAO%20DE%20CAFEINA.pdf. Acesso em: 24 ago. 2023.

SIMONI, R. C. S. História, usos, crenças e valores místicos do café dentro das tradições Afro-diaspóricas/Umbanda. **Caminhos - Revista de Ciências da Religião**, v.21, n. n. 1, p. 46-58, 2023.

USP. Extração da Nicotina do tabaco pela destilação por arraste de vapor d'água. **Roteiro Experimental**, [s. l], 1-7p. EXPERIMENTO 3. Disponível em: http://www.iq.usp.br/prmoreno/disciplinas/qfl/qfl034x/qfl0314/Exp03.pdf. Acesso em: 14 ago. 2023.

VOIGT, Naira Leandro. **DOS PRIMÓRDIOS À ATUALIDADE**: nicotina e suas consequências. 2021. 44 f. TCC (Graduação) - Curso de Graduação em Ciências Biológicas, Centro de Ciências Biológicas, Universidade Federal de Santa Catarina, Florianópolis, 2021. Disponível em: https://repositorio.ufsc.br/bitstream/handle/123456789/234082/Naira_Leandro_Voigt_assinado.pdf?sequence=1&isAllowed=y. Acesso em: 10 ago. 2023

VARGAS, Tayná de Paula Reis. **CONTEÚDOS CORDIAIS NO ENSINO DE QUÍMICA**: o café, a erva-mate e a cafeína em uma abordagem humanizada no ensino de química. 2020. 97 f. Dissertação (Mestrado) - Curso de Programa de Mestrado Profissional em Química em Rede Nacional- PROFQUI, Instituto de Química, Universidade Federal do Rio Grande do Sul, Porto Alegre, 2020. Disponível em: https://lume.ufrgs.br/bitstream/handle/10183/215307/001119597.pdf?sequence=1&isAllowed=y. Acesso em: 10 ago. 2023

O uso do ouro por Matinta Perera...

ARAÚJO, Cláudia Angélica Magna Baía. **Design de joias e ecodesign: Desenvolvimento de metodologia para uma coleção de jóias sustentáveis**. 2018. 79 f. TCC (Graduação) - Curso de Curso de Bacharelado em Design, Universidade Federal do Rio Grande do Norte, Natal, 2018. Disponível em: https://repositorio.ufrn.br/bitstream/123456789/47455/2/DesignJoiasEcodesign_Araujo_2018.pdf. Acesso em: 01 out. 2023.

BISINOTI, Márcia Cristina; JARDIM, Wilson F.. O COMPORTAMENTO DO METILMERCÚRIO (METILHg) NO AMBIENTE. **Química Nova**, [s. l], v. 27, n. 4, p. 593-600, maio 2004. Instituto de Química, Universidade Estadual de Campinas. Disponível em: https://www.scielo.br/j/qn/a/ScRyZnwkDxdqskmpWT8P4Tq/?format=pdf&lang=pt. Acesso em: 26 set. 2023.

BORGES, Pedro et al. ALQUIMIA EXPERIMENTAL. **Química Nova**, [S.L.], v. 43, n. 9, p. 1362-1373, ago. 2020. Sociedade Brasileira de Química (SBQ). http://dx.doi.org/10.21577/0100-4042.20170604.

BRASIL. Ministério Público Federal. Câmara de Coordenação e Revisão,4. **Mineração ilegal de ouro na Amazônia : marcos jurídicos e questões controversas**. Brasília: MPF, 2020. 257 p.

BROWN, Theodore L. et al. **Química: a ciência central**. 9. ed. Pearson Education, 2003. 971 p.

(CNPEM), Centro Nacional de Pesquisa em Energia e Materiais. **O LABORATÓRIO NACIONAL DE LUZ SÍNCROTRON.** 2023. Ministério da Ciência, Tecnologia e Inovação (MCTI). Disponível em: https://lnls.cnpem.br/sobre/. Acesso em: 13 set. 2023

CHASSOT, Attico. **A ciência através dos tempos.** 2. ed. São Paulo: Moderna, 2004. 280 p. Edição reformulada.

JUNQUEIRA, Jéssica Sousa Santos; SILVA, Priscila Pereira; GUERRA, Wendell. Ouro. **Química Nova na Escola**, [S.L], v. 34, n. 1, p. 45-46, 07 fev. 2012. Disponível em: http://qnesc.sbq.org.br/online/qnesc34_1/10-EQ-104-10.pdf. Acesso em: 10 set. 2023.

LACERDA, L. D.. CONTAMINAÇÃO POR MERCÚRIO NO BRASIL: FONTES INDUSTRIAIS VS GARIMPO DE OURO. **Química Nova**, Niterói, v. 2, n. 20, p. 196-199, jun. 1996. Dept. Geoquímica - Universidade Federal Fluminense. Disponível em: https://www.scielo.br/j/qn/a/hjbCmKwN3TnKJnsYzvPNswD/?format=pdf&lang=pt. Acesso em: 28 set. 2023.

MARTHA JÚNIOR, Geraldo Bueno; CONTINI, Elisio; NAVARRO, Zander. **Caracterização da Amazônia Legal e macrotendências do ambiente externo**. Brasília: Embrapa Estudos e Capacitação, 2011. 50 p.

PAIVA, Eduardo França. **Bateias, carumbés, tabuleiros: mineração africana e mestiçagem no Novo Mundo**. p.1-15. Disponível em: https://www.fafich.ufmg.br/pae/apoio/bateiascamburestabuleirosmineracaoafricanaemesticagemnonovomundo.pdf. Acesso em: 05 set. 2023.

PELIZARI, Gabriel; MESQUITA, Maria José. **Substitutos ao mercúrio na mineração de ouro artesanal e de pequena escala.** In: CONGRESSO DE INICIAÇÃO CIENTÍFICA DA UNICAMP, Universidade Estadual de Campinas., 2022. p. 1-4.

PINHEIRO, Bárbara Carine Soares. **História Preta das Coisas**: 50 invenções científico-tecnológicas de pessoas negras. São Paulo: Livraria da Física (Lf), 2021. 73 p.

PIRES, Rui Alves; DILÃO, Rui. Como se fazem e para que servem os aceleradores de partículas? **Gaz. Fís**, [S.L], v. 15, n. 2, p. 56-66, 1992. Departamento de Física do Instituto Superior Técnico. Disponível em: https://www.spf.pt/magazines/GFIS/422/article/1346/pdf. Acesso em: 13 set. 2023.

SILVA, Lucas César Rodrigues da; DIAS, Rafael de Brito. As tecnologias derivadas da matriz africana no Brasil. **Linhas Críticas**, [S.L], v. 26, p. 1-16, 25 ago. 2020. Biblioteca Central da UNB. http://dx.doi.org/10.26512/lc.v26.2020.28089. Disponível em: https://periodicos.unb.br/index.php/linhascriticas/article/view/28089/27272. Acesso em: 08 set. 2023

STARIOLO, Malena. **Pesquisadores da Unesp lideram projeto para o desenvolvimento de componentes da nova fase do LHC, maior acelerador de partículas do planeta**. 2023. Jornal da UNESP. Disponível em: https://jornal.unesp.br/2023/01/11/pesquisadores-da-unesp-lideram-projeto-para-o-desenvolvimento-de-componentes-da-nova-fase-do-lhc-maior-acelerador-de-particulas-do-planeta/#:~:text=Como%20destacado%20pela%20Academia%20Real,acelerador%20de%20part%C3%ADculas%20do%20mundo. Acesso em: 13 set. 2023.

UETA, Nobuko. **Para que servem os aceleradores de partículas**. 2018. DFN IFUSP. Disponível em: https://portal.if.usp.br/fnc/sites/portal.if.usp.br.fnc/files/Texto%20para%20alunos%20e%20professores%20que%20visitam%20o%20acelerador%20Pelletron.pdf. Acesso em: 13 set. 2023.

O ingrediente secreto de Matinta Perera: da cura ao embelezamento

ARAÚJO, Lidiane Advíncula de. **Desenvolvimento de formulações cosméticas contendo óleos vegetais para a proteção e reparação capilar**. 2015. 106 f. Dissertação (Mestrado) - Curso de Ciências Farmacêuticas, Universidade de São Paulo, Ribeirão Preto, 2015. Disponível em: https://www.teses.usp.br/teses/disponiveis/60/60137/tde-04052015-154442/publico/Dissertacao_completa_corrigida.pdf. Acesso em: 26 out. 2023

ASSIS, Thamaine Dos Passos De et al.. **Potencial efeito terapêutico do óleo de girassol na cicatrização cutânea: um estudo teórico**. Anais do V CONAPESC. Campina Grande: Realize Editora, 2020. Disponível em: https://editorarealize.com.br/artigo/visualizar/73119. Acesso em: 20/10/2023

BRUICE, Paula Yurkanis. **Organic Chemistry**. 3. ed. [S.l]: Prentice Hall, 2001. 1247 p

Burlando B & Cornara L. Revisiting Amazonian plants for skin care and disease, V.4, Ed.3 2017 Jul 20. Disponível em: https://www.mdpi.com/2079-9284/4/3/25. Acesso em: 23/10/2023.

CAMPOS, Antonio Carlos Ligocki; BRANCO, Alessandra Borges; GROTH, Anne Karoline. Cicatrização de Feridas. **Abcd Arq Bras Cir Dig**, [S.L], v. 20, n. 1, p. 51-58, 2007. Artigo de revisão. Disponível em: https://www.scielo.br/j/abcd/a/wzTtGHxMQ7qvkBbqDLkTF9P/?format=pdf&lang=pt. Acesso em: 22 out. 2023.

COSTA, J. R.; MORAIS, R. R. **Carapa guianensis Aubl. (andirobeira) em sistemas agroflorestais**. Manaus: Embrapa Amazônia Ocidental, 2013. 28 p.

Fabrício Callegari; Maria Helena Cano de Andrade; Erika Cristina Cren. PERSPECTIVAS DA UTILIZAÇÃO DOS ÓLEOS DA MACAÚBA (ACROCOMIA ACULEATA (JACQ.) LODD. EX MART) NO DESENVOLVIMENTO DE COSMÉTICOS. In: ANAIS DO CONGRESSO BRASILEIRO DE ENGENHARIA QUíMICA, 2014. **Anais eletrônicos**. Campinas, Galoá, 2014. Disponível em: https://pdf.blucher.com.br/chemicalengineeringproceedings/cobeq2014/0790-23843-177716.pdf. Acesso em: 23 out. 2023.

FELIPE, Lorena O ; BICAS, Juliano L. Terpenos, aromas e a química dos compostos naturais. **Química Nova na Escola**, [S.L], v. 39, n. 2, p. 120-130, 2017. Sociedade Brasileira de Química (SBQ). http://dx.doi.org/10.21577/0104-8899.20160068.

FERREIRA, Adriano Menis *et al*. Utilização dos ácidos graxos no tratamento de feridas: uma revisão integrativa da literatura nacional. **Revista da Escola de Enfermagem da USP**, [S.L], p. 752-760, out. 2011. Artigo de revisão

(ICMBIO), Instituto Chico Mendes de Conservação da Biodiversidade. **Populações Tradicionais**. Disponível em: https://www.gov.br/icmbio/pt-br/assuntos/populacoes-tradicionais#:~:text=Povos%20e%20comunidades%20tradicionais%20s%C3%A3o,ancestral%20e%20econ%C3%B4mica%2C%20utilizando%20conhecimentos%2C. Acesso em: 28 out. 2023.

KONRAD, Martina Ventura. **DESENVOLVIMENTO DE FORMULAÇÃO CAPILAR CONDICIONANTE LEAVEIN CONTENDO ÓLEO DE ARGAN, ÓLEO DE COCO OU ÓLEO DE SEMENTE DE UVA**. 2022. 45 f. TCC (Graduação) - Curso de Farmácia, Universidade Federal do Rio Grande do Sul, Porto Alegre, 2022.

LEITE, Viviane Vasconcelos. **Tratamento de feridas crônicas com oleorresina de copaíba**. 2022. 204 f. Tese (Doutorado) - Curso de Programa de Pósgraduação em Medicamentos e Assistência Farmacêutica, Universidade Federal de Minas Gerais, Belo Horizonte, 2022. Disponível em: https://repositorio.ufmg.br/bitstream/1843/46399/1/TESE%20%20-%20TRATAMENTO%20DE%20FERIDAS%20CR%C3%94NICAS%20COM%20OLEORRESINA%20DE%20COPA%C3%8DBA.pdf. Acesso em: 22 out. 2023.

LIMA, Jéssica dos Santos. **Formulações Cosméticas contendo óleo de andiroba**. 2018. 50 f. TCC (Graduação) - Curso de Farmácia, Centro Universitário Estadual da Zona Oeste, Rio de Janeiro, 2018

LIRA, Gilso Blanco; LOPES, Anna Sylmara da Costa; NASCIMENTO, Fabiana Cristina de Araújo; CONCEIÇÃO, Gyselle dos Santos; BRASIL, Davi do Socorro Barros. Processos de extração e usos industriais de óleos de andiroba e açaí: uma revisão. **Research, Society And Development**, [S.L], v. 10, n. 12, p. 1-15, 18 set. 2021. Research, Society and Development. http://dx.doi.org/10.33448/rsd-v10i12.20227.

MARTINS, Elenice Spagnolo R. *et al*. Efeitos da ação dos ácidos graxos na pele sadia por biometria cutânea. **Revista Enfermagem Atual**, [S.L], v. 82, n. 0, p. 48-54, 2017. Disponível em: https://revistaenfermagematual.com/arquivos/ED_82_REVISTA_20/06.pdf. Acesso em: 20 out. 2023
MENDONÇA, Andreza P.; FERRAZ, Isolde Dorothea Kossmann. Óleo de andiroba: processo tradicional da extração, uso e aspectos sociais no estado do Amazonas, Brasil. **Acta Amazonica**, [S.L], v. 37, n. 3, p. 353-364, 2007

MORAIS, Luiz Roberto Barbosa. **Química de oleaginosas: valorização da biodiversidade amazônica**. Belém: Ed. do Autor, 2012. 78 p. Edição bilíngue: português/inglês. Traduzido por Ekkhard Gutjahr.
NELSON, D. L; COX, M. M. **Princípios de bioquímica**. 6ª ed. Artmed, 2014.1250p

OLIVEIRA, V.B. *et al*. Efeito de diferentes técnicas extrativas no rendimento, atividade antioxidante, doseamentos totais e no perfil por clae-dad de dicksonia sellowiana (presl.). Hook, dicksoniaceae. **Revista Brasileira de Plantas Medicinais**, [S.L.], v. 18, n. 1, p. 230-239, 2016. FapUNIFESP (SciELO).

OLIVEIRA, Iara dos Santos da Silva. **Análise do uso da andiroba (*Carapa guianensis* Aubl) na perspectiva do conhecimento tradicional e científico, da proteção intelectual e da atividade anti-*Leishmania* do óleo e de frações**. 2018. 116 f. Tese (Doutorado) - Curso de Pós Graduação em Biotecnologia, Universidade Federal do Maranhão, São Luís, 2018. Disponível em: https://tedebc.ufma.br/jspui/bitstream/tede/3716/2/IARA%20DOS%20SANTOS%20DA%20SILVA%20OLIVEIRA.pdf. Acesso em: 23 out. 2023.

PINTO, Emanuelle Raiol; LIRA-GUEDES, Ana Cláudia; GUIMARÃES, Claudioney da Silva. **Boas práticas para produção de óleo de andiroba**. Tefé: Idsm e Fundo Amazônia, 2019. 32 p.

RAEL, Alana Nunes; RIEGER, Alexandre. Genotoxicidade do composto Azadiractina avaliado através do Ensaio Cometa utilizando Danio rerio (Hamilton 1822) como organismo teste. **Revista Jovens Pesquisadores**, [S.L.], v. 7, n. 2, p. 46-62, 6 jul. 2017. APESC - Associação Pró-Ensino em Santa Cruz do Sul. http://dx.doi.org/10.17058/rjp.v7i2.9371.

REIS, Yasmin Louvain dos. **CARACTERIZAÇÃO DE ÓLEOS VEGETAIS COM POTENCIAL USO COSMÉTICO**. 2022. 68 f. TCC(Graduação) - Curso de Bacharel em Farmácia, Universidade Federal do Rio de Janeiro, Macaé, 2022. Disponível em: https://pantheon.ufrj.br/bitstream/11422/20748/1/YLReis.pdf. Acesso em: 23 out 2023.

RIBEIRO, Carla Denise Bahia; COSTA, Patrícia Almeida da; LIMA, Sarah Raquel Viana de; SILVA, Marcos Túlio da. O uso medicinal de Carapa guianensis Abul. (Andiroba). **Research, Society And Development**, [S.L.], v. 10, n. 15, p. 1-10, 28 nov. 2021. Research, Society and Development. http://dx.doi.org/10.33448/rsd-v10i15.22815

SILVA, Lorena Stefany Souza; SANTOS, Jânio Sousa. Aplicabilidade dos óleos vegetais em tônicos capilar: uma revisão. **Research, Society And Development**, [S.L.], v. 10, n. 15, p. 1-12, 21 nov. 2021. Research, Society and Development. http://dx.doi.org/10.33448/rsd-v10i15.22725.

SILVA, Ítala Cristine. NEUTRÓFILOS: ASPECTOS CLÁSSICOS, PLASTICIDADE E NOVAS FUNÇÕES IMUNORREGULATÓRIAS. **Revista Interdisciplinar de Estudos Experimentais**, [S.l], v. 7, p. 35-46, 2015. Disponível em: https://docs.bvsalud.org/biblioref/2018/11/964819/2872-8861-1-sm.pdf. Acesso em: 20 out. 2023.

SILVA, Perla Villani Borges da. **ESTUDO DOS MECANISMOS DE AÇÃO DO TETRANORTRITERPENÓIDE DE ORIGEM NATURAL, GEDUNINA, NA SINALIZAÇÃO DE RECEPTORES TIPO TOLL E INFLAMASSOMA**. 2017. 85 f. Tese (Doutorado) - Curso de Pós-Graduação em Biologia Celular e Molecular, Instituto Oswaldo Cruz, Rio de Janeiro, 2017

SILVA, Rudyere Nascimento Silva; CAVALCANTE, Heloide de Lima Cavalcante. Planejamento experimental aplicado ao desenvolvimento de sabonete líquido utilizando extratos de andiroba e mulateiro. **Research, Society And Development**, [S.L.], v. 11, n. 13, p. 1-13, 8 out. 2022. Research, Society and Development. http://dx.doi.org/10.33448/rsd-v11i13.35474

VIEGAS JÚNIOR, Cláudio. TERPENOS COM ATIVIDADE INSETICIDA: UMA ALTERNATIVA PARA O CONTROLE QUÍMICO DE INSETOS. **Química Nova**, Araraquara, v. 26, n. 3, p. 390-400, 2003. Artigo de divulgação. Disponível em: https://www.scielo.br/j/qn/a/LfHYRBBPMkjtn9sYpNkdpHb/?format=pdf&lang=pt#:~:text=Os%20limon%C3%B3ides%20s%C3%A3o%2C%20provavelmente%2C%20os,dos%20terpenos%20com%20atividade%20inseticida.. Acesso em: 23 out. 2023.

Por trás de toda bruxa há uma cientista.

ALFONSO-GOLDFARB, Ana Maria; FERRAZ, Márcia H. M.. A passagem da alquimia à química: uma história lenta e sem rufar de tambores. **ComCiência**, Campinas, p. 1-3, 2011.

ATKINS, P.; PAULA, J. de. Físico- Química: fundamentos. 5. ed. Rio de Janeiro: **Gen/Ltc**, 2014. 600 p. Tradução e revisão técnica: Edilson Clemente da Silva; Oswaldo Esteves Barcia.

BARBIERI, Pedro. Zósimo de Panópolis e a alquimia antiga: uma introdução. **Sacrilegens**, Juiz de Fora, v. 19, n. 2, p. 11-28, dez. 2022.

BELTRAN, Maria Helena Roxo. Destilação: a arte de "extrair virtudes". **Química Nova na Escola**, [s. l], n. 4, p. 24-27, 04 nov. 1996. Disponível em: http://qnesc.sbq.org.br/online/qnesc04/historia.pdf. Acesso em: 10 maio 2023.

BROWN, Theodore L. et al. **Química: a ciência central**. 9. ed. Pearson Education, 2003. 971 p.

BENEDETTI FILHO, Edemar; RODRIGUES, Lorena Alves. Emprego do Instagram como ferramenta para a divulgação científica: o papel das bruxas na história da química. **Insignare Scientia**, [S.l], v. 5, n. 4, p. 317-335, dez. 2022.

BORGES, Pedro et al. ALQUIMIA EXPERIMENTAL. **Química Nova**, [S.L.], v. 43, n. 9, p. 1362-1373, ago. 2020. Sociedade Brasileira de Química (SBQ). http://dx.doi.org/10.21577/0100-4042.20170604.

COSTA, Nelson Lage da; PIVA, Teresa Cristina de Carvalho; SANTOS, Nadja Paraense dos. **MARIA A JUDIA E A ARTE HERMÉTICO-MOSAICA.** [S.l] p. 599-605, Disponível em: https://docplayer.com.br/27626585-Maria-a-judia-e-a-arte-hermetico-mosaica.html

CHISTÉ, Renan Campos et al. Quantificação de cianeto total nas etapas de processamento das farinhas de mandioca dos grupos seca e d'água. **Acta Amazonica**, [S.L], v. 40, n. 1, p. 221-226, 2010.

DANTES, Maria Amélia Mascarenhas. Da alquimia à química moderna. **Revista de História**, [S.L.], v. 48, p. 97-106, 30 jul. 1974. Universidade de Sao Paulo, Agencia USP de Gestao da Informacao Academica (AGUIA). http://dx.doi.org/10.11606/issn.2316-9141.rh.1974.210491

FEDERICI, Silvia. **Calibã e a Bruxa**: mulheres, corpo e acumulação primitiva. São Paulo: Elefante, 2017. 464 p. Tradução: Coletivo Sycorax. Título original: **Caliban and the Witch**: Women, the body, and Primitive Accumulation. Autonomedia, 2004.

FERREIRA, Adrya Paola de Carvalho. **A TOXICOLOGIA DO CIANETO DE HIDROGÊNIO**: da realidade à ficção. 2022. 42 f. TCC (Graduação) - Curso de Biomedicina, Faculdade Una Pouso Alegre, Pouso Alegre, 2022

FREITAS, Nathalia Miwa Arasaki Menezes; BALDINATO, José Otavio. Harriet Brooks e a tabela periódica. **Revista Brasileira de História da Ciência**, [S.L.], v. 16, n. 1, p. 311-335, 29 jul. 2023. Sociedade Brasileira de Historia da Ciencia. http://dx.doi.org/10.53727/rbhc.v16i1.807.

GAUDÊNCIO, Jéssica da Silva; RODRIGUES, Sérgio Paulo Jorge; MARTINS, Décio Ruivo. Indígenas brasileiros e o uso das plantas: saber tradicional, cultura e etnociência. Khronos Revista de História da Ciência [s. l] , n. 9, p. 163-182, jun. 2020. Disponível em: https://www.revistas.usp.br/khronos/article/view/171134. Acesso em: 10 ago. 2023.

GONZAGA, Kézia Ribeiro; BENITE, Claudio Roberto Machado. **A EXPERIMENTAÇÃO NO ENSINO DE QUÍMICA E OS SABERES INDÍGENAS**. [S.l]: Universidade Federal de Goiás, 2020. 58 p. Programa de Pós Graduação em Ensino de Ciências (PPEC) da Universidade Estadual de Goiás

HORST, Pieter van Der. Maria Alchemista, the First Female Jewish Author. **Zutot**, [S.L.], v. 1, n. 1, p. 44-47, 2001. Brill. http://dx.doi.org/10.1163/187502101788691141.

(IPHAN), Instituto do Patrimônio Histórico e Artístico Nacional. **Ver-o-Peso (PA)**. Disponível em: http://portal.iphan.gov.br/pagina/detalhes/828. Acesso em: 28 out. 2023

LOMBARDE, Washington; KIOURANIS, Neide Maria Michellan. A ALQUIMIA E OS CAMINHOS PERCORRIDOS PARA A INCORPORAÇÃO DA QUÍMICA COMO CIÊNCIA MODERNA. **Ensino de Ciências e Tecnologia em Revista – Encitec**, [S.L.], v. 11, n. 1, p. 65-85, 1 jun. 2021. Universidade Regional Integrada do Alto Uruguai e das Missões. http://dx.doi.org/10.31512/encitec.v11i1.382.

LUCIANO, Gersem dos Santos. **O Índio Brasileiro**: o que você precisa saber sobre os povos indígenas no Brasil de hoje. Brasília: Laced/Museu Nacional, 2006. 232 p. Ministério da Educação, Secretaria de Educação Continuada, Alfabetização e Diversidade.

NELSON, D. L; COX, M. M. **Princípios de bioquímica**. 6ª ed. Artmed, 2014.1250p

ORTIZ, Etiane; SILVA, Marcos Rodrigues da. O USO DE ABORDAGENS DA HISTÓRIA DA CIÊNCIA NO ENSINO DE BIOLOGIA: uma proposta para trabalhar a participação da cientista Rosalind Franklin na construção do modelo da dupla hélice do dna. **Investigações em Ensino de Ciências**, [S.L.], v. 21, n. 1, p. 106-123, abr. 2016. Disponível em: https://ienci.if.ufrgs.br/index.php/ienci/article/view/237/178. Acesso em: 04 ago. 2023.

PATAI, Raphael. Maria the Jewess–Founding Mother of Alchemy. **Ambix**, [S.L.], v. 29, n. 3, p. 177-197, nov. 1982. Informa UK Limited. http://dx.doi.org/10.1179/amb.1982.29.3.177.

PINHEIRO, Bárbara Carine Soares. **História Preta das Coisas:** 50 invenções científico-tecnológicas de pessoas negras. São Paulo: Livraria da Física (Lf), 2021. 73 p.

RAGGETTI, Lucia. Maria the Alchemist and Her Famous Heated Bath in the Arabo-Islamic Tradition. **Gendered Touch**, [S.L.], p. 21-39, 9 jun. 2022. BRILL. http://dx.doi.org/10.1163/9789004512610_003

SILVA, Marcos Rodrigues da. Rosalind Franklin e seu papel na construção do modelo da dupla hélice do DNA. **Filosofia e História da Biologia,**, [S.L.], v. 2, p. 297-310, 2007. Disponível em: https://www.abfhib.org/FHB/FHB-02/FHB-v02-18-Marcos-Silva.pdf. Acesso em: 04 ago. 2023.

SOENTGEN, Jens; HILBERT, Klaus. A Química dos povos indígenas da América do Sul. **Química Nova**, [S.L.], v. 39, n. 9, p. 1141-1150, 15 ago. 2016. Sociedade Brasileira de Quimica (SBQ). http://dx.doi.org/10.21577/0100-4042.20160143. Disponível em: https://s3.sa-east-1.amazonaws.com/static.sites.sbq.org.br/quimicanova.sbq.org.br/pdf/AG20160200.pdf. Acesso em: 10 ago. 2023.

ZACARIAS, Cyro Hauaji. **Avaliação da exposição de trabalhadores de casas-de-farinha ao ácido cianídrico proveniente da mandioca, Manihot esculenta, Crantz, no Agreste Alagoano.** 2011. 147 f. Dissertação (Mestrado) - Curso de Pós Graduação em Toxicologia e Análises Toxicológicas, Universidade de São Paulo, São Paulo, 2011. Disponível em: https://www.teses.usp.br/teses/disponiveis/9/9141/tde-16042013-111938/publico/Dissertacao_Cyro_Zacarias_Final.pdf. Acesso em: 20 ago. 2023.

Impresso na Colorsystem
em papel offset 90 g/m²
julho / 2025